영유아교육기관

부모상담

영유아교육기관

부모상담

홍길회 · 최정화 · 홍찬영

dm 동문사

머리말

'한 아이를 키우려면 온 마을이 필요하다.'라는 외국 속담이 있습니다. 한 인간을 제대로 키우기 위해서는 그 사회구성원 모두의 관심과 지원이 필요하다는 의미일 것입니다. 미래 사회를 이끌어갈 우리의 영유아들이 건강하고 행복하게 성장하기 위해서는 모두의 노력과 관심이 필요합니다.

영유아기는 건강한 인간으로 성장하기 위한 인생의 초기로, 부모와의 애착을 통해 사회적 관계를 형성하고, 기본생활습관을 형성하는 등 발달의 기초를 형성하는 중요한 시기입니다. 따라서 가정과 영유아교육기관의 동반자적 협력은 매우 중요합니다. 교사와 부모가 함께 협력하고 나아갈 때 아이들은 정서적으로나 신체적으로 건강하게 성장할 수 있을 것입니다.

출산율 저하 현상 영향으로 현재 어린이집이나 유치원의 학부모들은 자신에 자녀들에 대해 그 어느 때보다 귀하게 여기고 성장 발달을 위해 부족함 없이 해주고 싶어 합니다. 가족의 구성에서도 이전 부모와 자녀세대로 구성되었던 전형적인 가족구조가 점차 줄어들고 한 부모, 조손가족 등 다양한 형태의 가족이 증가하고 있습니다. 가족의 구성이 다양해지면서 가족 개념에 대한 인식도 확장되고 있습니다. 따라서 다양한 형태를 가진 가족과 부모와의 효과적 소통을 위해서는 이를 반영한 구체적인 부모상담 준비도 요구됩니다.

대부분에 교사들은 부모상담에 있어 중요성은 인식하면서도 부모상담 준비와 적용에 있어 어려움을 경험합니다. 특히 초임이나 경험이 적은 교사들에게는 그러한 경우가 많은데 이는 학부모 상담에 대한 준비가 제대로 되어있지 않으면 부모상담의 질은 낮아지고 유의미한 결과를 얻기가 어렵기 때문입니다.

영유아가 건강하고 행복한 아이로 성장하기를 바라는 마음은 교사나 학부모 모두 같기에 서로 소통하기 위해 공감하고 이해하는 것이 무엇보다 중요합니다. 때로 마주하기 어려운 학부모라 할지라도 마음을 열고 소통하면 그 가운데서 의미가 전달될 것입니다.

본서는 영유아교육 현장에서 부모상담에 필요한 다양한 지식과 방법을 통해 효과적인 부모상담에 대한 이해를 돕기 위해 집필되었으며, 특히 변화하는 다양한 가족과 부모를 이해하면서 부모 역할의 어려움과 이를 위한 소통을 강조하는 점에서 차별화될 수 있도록 하였습니다.

본 저서는 총 3부 4장으로 구성되어 있습니다. 1부에서는 부모상담의 기초로 부모상담의 의미와 중요성, 변화하는 가족 · 부모의 이해, 다양한 부모의 유형 등을 다루고 있습니다. 2부에서는 부모상담의 실제로 3장은 부모상담에 필요한 내용으로 영유아 발달에 대해 이해와 상담에 대한 기본태도, 의사소통, 다양한 부모 · 가족과의 의사소통 등을 살펴보았습니다. 4장에서는 부모상담의 활용으로 부모상담의 유형과 부모상담의 진행 과정을 제시하였습니다. 마지막 3부에서는 부모상담의 사례를 제시하여 영유아들이 보이는 발달과 문제행동을 중심으로 지도 방법과 도움이 되는 정보를 제공하였습니다.

부모상담에 있어 중요한 단초는 교사가 부모상담을 위해 무엇을 준비해야 하며, 어떤 부분을 관찰하고 이해해야 하는지, 효과적으로 소통하기 방법은 무엇인지 등에 관한 이해입니다. 이러한 부분에 있어 이 책이 현직교사 및 기관장과 예비 영유아교사들에게 도움이 되기를 기대합니다.

마지막으로 출판을 위해 애써주신 동문사 대표님과 편집부 관계자분들께 깊은 감사의 마음을 전합니다.

2022년 12월

저자

차 례

▸머리말 5

PART 01 부모상담의 기초 이해

Chapter 01 부모상담 15

1. 부모상담의 개념과 목적 17
   1) 부모상담의 개념 17
   2) 부모상담의 중요성 19
   3) 부모상담의 목적 20

2. 부모상담 이론 23
   1) 정신분석 상담이론 23
   2) 행동주의 상담이론 27
   3) 인지행동주의 상담이론 30
   4) 인간중심 상담이론 31

✱ Chapter 02 변화하는 가족·부모의 이해 35

1. 다양한 가족 유형 38

1) 맞벌이 가족 38
2) 한부모가족 39
3) 다문화가족 43
4) 재혼가족 48
5) 조손가족 50

2. 다양한 부모 유형 54

1) 무관심한 부모 54
2) 부정적인 부모 55
3) 불안한 부모 56
4) 방어적 부모 58
5) 불만형 부모 59
6) 정보가 많은 부모 61

PART 02 부모상담의 실제

✱ Chapter 03 부모상담의 내용 및 기술 65

1. 부모 상담의 기초 67

1) 상담의 목표 67

2) 영유아 발달에 대한 이해 68
3) 상담자의 역할 71
4) 상담 시 주의할 점 76

2. 부모상담의 의사소통 기술 77

1) 의사소통 방법 77
2) 가족 유형에 따른 소통 방법 83
3) 부모 유형에 따른 소통 방법 87

Chapter 04 부모상담의 활용 91

1. 부모상담의 유형 93

1) 개별상담 93
2) 집단상담 105
3) 전화상담 112
4) 인터넷을 이용한 상담 116
5) 기타 118

2. 부모상담의 과정 120

1) 부모상담 전 준비 120
2) 마무리 144
3) 추후지도 148
4) 부모상담 시나리오 예시 149

PART 03 부모상담의 사례

1. 편식하는 아이(만 2세/여아) 157
2. 친구를 깨무는 아이(만 1세/남아) 160
3. 엄마와 잘 떨어지지 못하는 아이(만 2세/여아) 162
4. 아기 때부터 쓰던 물건에 집착하는 아이(만 1세/남아) 165
5. 자위를 표출하는 아이(만 3세/여아) 167
6. 던지는 행동을 하는 아이(만 1세/남아) 171
7. 언어발달이 늦은 아이(만 1세/남아) 173
8. 정리 정돈을 하지 않는 아이(만 2세/여아) 177
9. 대소변을 가리지 못하는 아이(만 2세/여아) 180
10. 산만한 아이(만 4세/남아) 184
11. 남의 물건을 가져가는 경우(만 3세/남아) 188
12. 울면서 문제 상황을 해결하려고 해요(만 2세/여아) 191
13. 자기표현을 못 하는 아이(만 2세/남아) 195
14. 학대를 의심하는 부모(0세/남아) 197
15. 훈육을 어떻게 할지 고민하는 부모 199
16. 한글과 수 교육을 걱정하는 부모 201
17. 스마트폰 노출로 걱정하는 부모 203
18. 맞벌이 가족 208
19. 한부모 가족 212
20. 다문화 가족 214
21. 재혼가족 217
22. 조손가족 219

✱ Appendix 부록 221

1. 부모의 자녀 대화에 대한 수준 점검표(대화 신호등) 223
2. 자녀놀이 참여척도 224

▸ **참고문헌** 231

PART 01

부모상담의 기초 이해

Chapter 01

부모상담

1 부모상담의 개념과 목적

1) 부모상담의 개념

영유아교육기관에서는 영유아의 건강한 성장과 발달을 위해 부모와 공동의 목표를 갖고 서로 협력적인 관계를 맺고 있다. 교사와 부모는 일상적인 소통뿐만 아니라 정기적인 만남을 통해 자녀의 발달 및 전반적인 생활에 대해 이야기를 나누게 된다. 이처럼 부모와 교사가 직접적인 만남을 통해 가정과 교육기관의 연계를 갖고 영유아의 발달을 돕고자 부모상담을 하게 된다.

상담이라는 말은 일상적으로 많이 사용되는 용어로 넓은 의미에서는 개인적인 모든 대화를 말하기도 하고, 현실적인 상담에서는 해결할 문제에 따라 다양한 종류의 상담을 말하기도 한다(강영식 외, 2016).

표준국어대사전(2022)을 살펴보면 '상담(相談)'이란 '문제를 해결하거나 궁금증을 풀기 위하여 서로 의논함'이라고 정의하고 있다. 심리학에서의 상담(Counseling)은 '심리적인 문제나 고민이 있는 사람에게 실시하는 상담 활동'으로 상담사가 전문적인 입장에서 조언 · 지도를 하거나 공감적인 이해를 보여 심리적 상호교류를 함으로써 상담자의 문제를 해결하거나 심리적 성장을 돕는 것으로 정의하고 있다.

한편 브리태니커 백과사전에서는 상담자와 내담자 간의 서로 수용적이고 구조화된 관계를 형성한 이후에 내담자가 자기 자신과 환경에 대해 의미 있는 이해를 증진하도록 하여 내담자 스스로 효율적인 의사결정과 긍정적 방향의 심리적 변화를 일으키는 과정으로 설명하고 있다.

영유아교육기관에서의 부모상담에 대해서 박찬옥 외(2011)는 유아교육기관의 부모상담을 아이에 대한 기관의 생활모습과 발달상태를 교사와 부모가 이야기 나누는 시간이라고 하였으며, 김명연(2014)은 유아에 대한 정보를 서로 교환하고 사전에 문제행동을 사전에 예방하거나 문제행동에 관한 원인 파악을 위한 것이라고 하였다.

그 밖에 상담의 특성을 정리해보면 다음과 같다.

- 상담은 문제행동을 감소하거나 제거함으로써 행동의 변화를 만들고, 내담자의 다양한 문제 상황에 대처하는 능력을 기르도록 돕는 것이다(임경심, 2018). 이러한 과정을 통해 상담은 인간의 행복 및 성장과 발달을 촉진하고자 한다.
- 상담은 면담과 비슷하게 사용되기도 한다. 그러나 궁금증이나 다양한 문제를 해결하고자 서로 의논한다는 점에서는 비슷하나, 면담은 서로 만나서 이야기하는 것을 의미하는 것으로 조금 다른 의미를 가진다.
- 영유아교육기관에서의 이루어지는 부모상담은 영유아의 발달을 돕고자 하는 가장 적극적인 방법이라 할 수 있다. 자녀를 위해 효율적이고 바람직한 지도 방안을 찾고자 하는 활동으로 영유아의 생활 모습과 발달 및 교육기관에 대한 정보, 교육기관의 교육관 및 교육철학 등을 공유하게 된다.
- 부모 상담을 통해 부모와 교사는 다양한 정보를 교환할 수 있다. 부모 입장에서는 자녀 발달에 관한 객관적인 이해와 교육기관 적응, 또래 관계, 영유아 교육과정에 대한 정보를 이해할 수 있다. 교사 입장에서는 상담을 통해 부모에 양육 방법과 태도 및 부모의 특성을 파악할 수 있고 영유아의 가정 내 환경과 성장배경, 부모 · 자녀 관계, 놀이 형태 등에 대한 정보를 얻을 수 있다.
- 이러한 정보교환을 통하여 부모의 입장에서는 교사와 친밀감을 형성하고 신뢰감을 높일 수 있다. 뿐만 아니라 상담을 통하여 가정과 기관의 연계를 통해 일관성 있는 교육이 이루어질 수 있는 데, 이는 당면한 문제해결 방법을 모색하는 공동의 목표를 가짐으로써 가능하다.

이렇듯 교사와 부모는 서로의 정보를 교환하고 나누게 됨으로써 영유아에 대해 더 잘 이해할 수 있다. 교사는 부모 다음으로 영유아를 직접 도움을 줄 수 있는 사람이므로 교사와의 상담은 필수적이라 할 수 있다. 영유아교육기관에서의 부모상담은 문제행동뿐만 아니라 영유아의 전반적인 발달을 이해하고 도움을 주기 위해 모든 부모를 대상으로 이루어져야 한다.

2) 부모상담의 중요성

부모는 자녀의 성장과 발달에 가장 큰 영향을 주는 중요한 존재로서 자녀 양육에 있어 많은 정보가 필요하다. 따라서 영유아 부모의 부모 역할 수행에 도움을 주기 위해 교육기관의 협력은 매우 중요하다.

브론펜브레너(Bronfenbrenner, 1979)는 영유아를 둘러싸고 있는 환경을 체계화하여 설명하였다. 부모와 영유아교사처럼 영유아가 직접 대면하는 사회적 환경을 미시체계라고 하였고 미시체계와 미시체계의 관계를 중간체계로 정의하였다. 중간체계는 서로 유기적이고 맥락적으로 작용하여 영향을 주게 된다. 즉, 부모와 교사는 공동의 목표를 가지는 동반자적 관계로 영유아의 삶에 영향을 미치게 된다. 따라서 부모와 교사는 상호 협력하여 영유아의 건강한 성장과 발달에 긍정적인 영향을 주어야 한다(이원영 외, 2008).

최근 대부분에 영유아들은 교육기관에서 많은 시간을 보내고 있으므로 부모와 교사는 다양한 의사소통을 통해 부모의 궁금증을 해소하고 신뢰 관계 형성을 도모하여 영유아의 인지적, 사회적, 신체적, 정서적 발달을 도와야 한다.

부모와 교사가 상호협력적이고 발달을 책임지는 중요한 역할을 하므로 긍정적인 관계가 이루어지면 좋은 파트너로서 교육의 효과를 높일 수 있다(박은혜 외, 2010). 또한 부모와 교사의 의사소통이 신뢰하는 관계 속에서 원만하게 이루어질 때 가정과의 연계를 최대화할 수 있다. 또한 교사는 부모상담을 통해 영유아에 대한 가정환경 및 행동에 대한 정보를 제공받고 부모의 양육방식을 이해할 수 있어 바람직한 성장과 발달을 위한 지도방안을 모색할 수 있다.

현대 여성의 사회진출 증가와 가족의 변화로 인해 영유아들이 기관에 머무는 시간은 점점 증가하고 부모와 있는 시간의 양은 줄어들면서 이들의 성장과 발달에 있어 교사의 역할이 더욱 중요하게 되었다.

따라서 영유아 교사가 이러한 역할을 잘 감당하기 위해서는 부모에 대한 이해와 영유아발달에 대한 이해를 토대로 효과적인 부모상담이 필요하다.

3) 부모상담의 목적

영유아기는 인생에서 기초가 형성되는 매우 중요한 시기이다. 이 시기의 경험은 이후 성장과 발달에 영향을 미치게 된다. 영유아교육기관은 가정과 마찬가지로 자녀가 성장하는 곳이다. 교사는 영유아의 성장과 발달을 위해 부모와 공동의 목표 설정을 위해 부모상담을 해야 한다.

부모상담의 목적은 다음과 같다.

(1) 영유아의 이해

교사와 부모 모두 영유아에 대한 행동과 성장 과정에 대해서 심층적이고 객관적인 측면에서 이해할 수 있다. 교사와 부모 모두 영유아에 대해 서로의 지식과 정보를 교환하여 영유아의 발달, 행동, 기본생활습관, 기호 등을 알 수 있다.

(2) 자녀양육에 필요한 다양한 지식 제공

부모의 영유아 교육에 대한 기대와 요구를 파악하여 일반적 양육정보뿐 아니라 자녀의 개별적인 특성에 적합한 실질적인 지식, 기술, 태도를 제공하여 바람직한 양육기술을 돕는다.

(3) 행동양식의 변화

부모는 자신의 양육 태도를 점검하고 바람직한 양육 태도를 형성할 수 있으며 교사는 개별 영유아에게 맞는 교수계획 및 전략을 수립할 수 있다.

(4) 교사-부모의 동반자적 관계

가정과 영유아교육기관의 일관성 있는 생활지도를 위한 동반자적 관계가 형성되고 부모는 교육기관의 교육철학 및 교육방법에 대한 신뢰감을 가질 수 있게 된다.

(5) 다양한 가족과 부모의 이해

여성가족부의 2020년 가족실태조사연구에 의하면, 혈연적으로 연결되지 않고 주거 공간을 공유하지 않는 관계라 해도 정서적으로 친밀성을 가지고 있으면 가족이라는 것에 동의하는 수준이 높게 나타났다. 이와 같은 인식과 관련된 태도의 변화는 실제적인 선택과 행동에 영향을 주고 있다. 전통적으로 혼인에서 비롯된 혈연 중심의 가족 개념이 확장되어 비혼 출산이나 비혼 동거, 이혼과 재혼으로 인한 가족 형성의 다양한 면들을 고려하는 것은 당연하게 되었고, 이러한 요인들에 대한 수용도가 높게 나타나고 있다. 따라서 가족의 개념과 인식이 확장되어감에 따라 다양한 특징을 가진 가족, 부모와의 효과적 소통을 위해서는 이를 반영한 지식과 이해가 요구된다.

이렇듯 부모상담은 영유아의 전인적인 성장과 발달을 위한 것으로 부모와 교사는 서로 관심과 협조가 필요하다. 부모와 교사는 영유아를 가장 사랑하며 가장 잘 아는 사람들이다. 그러므로 부모상담은 영유아가 잘 성장하기 위한 교사와 부모의 상담으로 부모의 양육 태도 및 행동 양식의 변화를 가져오게 한다. 이를 위해서 교사는 영유아의 발전 과정을 부모에게 알리고 부모는 자녀의 변화에 관한 정보를 교사에게 제공해야 한다.

부모의 자녀에 대한 이해는 영유아가 가지고 있는 잠재력과 가능성을 확인하고 지원하는 원동력이 된다. 영유아가 행복한 삶을 살아가기 위해서는 부모가 자녀의 개별적인 특성을 이해하고 적합한 양육방식과 태도를 통해 실천하는 것이 필요하다. 교사는 부모에게 이러한 도움을 제공할 수 있도록 부모상담에 필요한 지식과 태도를 지녀야 한다.

TIP 부모상담을 통한 교사와 부모의 효과

❋ 부모상담을 통한 교사 측면에서의 효과

- 부모와 상호 협력관계 형성과 친밀감형성
- 영유아의 가족구조 및 생활습관의 정보획득
- 영유아에 행동에 대한 이해 및 협력적 지도방안 모색
- 가정과 일관성 있는 공동의 목표설정

❋ 부모상담을 통한 부모 측면에서의 효과

- 교사와의 긴밀한 협력관계 마련
- 가정과 부모역할의 중요성 인식
- 부모의 역할과 기능 및 바람직한 양육태도 습득
- 영유아의 발달 및 행동특성에 대한 지식습득
- 자녀에 대한 객관적 이해 및 올바른 관점
- 양육에 대한 적절한 대처능력 향상

2 부모상담 이론

부모상담은 상담하는 이론의 관점에 따라 부모를 이해하거나 문제해결에 대한 초점이 달라질 수 있다. 교사가 부모와 상담 시 상담목표나 과정, 전략을 계획할 때 자신이 가지고 있는 관점에 따라 부모의 사고나 행동에 초점을 맞추거나 감정에 초점을 맞추게 된다. 따라서 부모상담은 이론 관점에 따라 접근방식에 차이가 발생할 수 있다. 여기에서는 아동의 바람직한 발달과 이해를 돕고자 할 때 필요한 이론을 소개하고자 한다.

1) 정신분석 상담이론

프로이트는 자유연상법과 자기 분석을 통해 인간의 심리에 대한 정신분석 이론을 제시하였다. 정신분석 이론은 역동적이며 결정론적인 특징을 가지고 있다.

(1) 정신분석 이론 개념

정신분석은 생애 최초의 경험에 의한 의식과 무의식이 갈등을 경험하며 원초아, 자아, 초자아의 상호작용으로 성격이 형성된다. 인간이 성장하면서 본능은 억압이나 방어기제를 통해 현실에 적응하는 형태로 변화하거나 무의식에 남게 된다.

① 성격의 세 체계

- 원초아(id): 원초아는 본능을 포함하며 쾌락원리에 의해 지배되며 고통을 최소화하거나 피하고 쾌락을 초대로 하는 목적을 가진다.
- 자아(ego): 원초아의 본능적 욕구와 그를 둘러싸고 있는 환경의 조건을 중

재한다.

- 초자아(superego): 도덕적 원리에 입각해 이상적으로 표상되며 완전을 추구하는 자아의 형태이다. 부모와 사회로부터 물려받은 가치와 도덕이 내면화된 것이다.

② 자아 방어 기제

- 동일시(identification): 자기가 좋아하거나 존경하는 대상의 신념이나 태도, 가치관 등을 자기의 것으로 인식하여 자신의 성격에 흡수하는 것이다.
- 고착(fixation): 새로운 단계의 좌절이나 불안으로 인해 다음 단계로 이동하기보다 현재의 단계에 머무는 것이다.
- 억압(repression): 바람직하지 않은 행동이나 생각, 충동을 의식적으로 통제하는 것이다.
- 부인(denial): 자신의 감각, 사고, 감정을 왜곡하여 인식하지 못하게 함으로 고통스러운 현실을 부정하는 것이다.
- 투사(projection): 사회적으로 인정받을 수 없는 행동이나 생각을 마치 다른 사람의 것인 것처럼 생각하고 남을 탓하는 것을 말한다.
- 대치(displacement): 자신의 감정이나 욕구를 위험한 사람이나 대상에게 표출하지 않고 안전한 곳으로 돌려 대리적으로 충족하는 것이다.
- 반동형성(reaction formation): 불안을 낳는 충동이나 감정과 반대되는 행동이나 감정을 나타내는 것이다.
- 합리화(rationalization): 바람직하지 못한 행동이나 결과에 그럴듯한 이류를 들어 정당화하는 기제이다.
- 퇴행(regression): 이전에 고착되었던 단계로 후퇴하는 현상을 말한다.
- 억압(repression): 바람직하지 않은 행동이나 생각, 충동을 무의식적으로 통제하는 것이다.
- 지성화(intellectualization): 정서적인 것을 이성적인 것으로 전환하여 추상적으로 다룸으로 현실을 회피하는 것이다.

- 승화(sublimation): 공격적인 욕구를 사회적으로 용인될 수 있는 행동으로 변환하는 것이다.

방어기제(defense mechanism)는 그 성숙에 따라 성숙한 반어, 신경증적 방어, 미성숙한 방어, 자기애적 방어의 네 유형으로 나타난다(Vaillant, G. E., 1971).

③ 심리성적 발달단계

- 구강기(oral stage: 출생에서 약 1.5세경)의 주된 성감대는 구강이며, 영유아는 구강을 통하여 씹거나 깨무는 행동을 통해 성적욕구를 충족시킨다. 구강을 통한 만족감이 충분하지 않으면 욕구불만이 생기고 너무 과잉되면 고착 현상을 초래하기가 쉽다.
- 항문기(anal stage: 약 1.5세에서 3세경)는 배변훈련을 통해 본능적 충동을 외부로부터 통제받는 경험을 한다. 배변훈련이 억압적이면 고집이 세고 적대적이거나 너무 모험적이고 지나치게 도전적인 성향을 갖기 쉽다.
- 남근기(phallic stage: 3~5세)는 초자아를 형성하는 시기로 이때 성감대가 항문에서 성기로 옮아간다. 이성 부모를 향한 근친상간의 욕구(오이디푸스 콤플렉스, 엘렉트라 콤플렉스)가 나타나며 남아의 경우에는 거세불안이 나타난다.
- 잠복기(latency state: 약 6세에서 11세경)는 리비도가 잠시 주춤하는 평온의 시기이며 성격구조가 공고해지면서 다른 사람과의 관계가 폭넓게 이루어지는 시기이다.
- 생식기(genital state: 사춘기 시기)는 다시 성적 에너지가 분출되고 억압되었던 충동이 무의식에서 의식으로 들어오게 된다.

프로이트 사후의 현대 정신분석 이론은 자아심리학, 대상관계 이론, 자기심리학이 있다. 자아심리학은 심리적 갈등은 자아의 강화를 통해서 해결할 수 있다고 보았다(Prochaska, J. O., & Norcross, J. C., 2006).

대상관계 이론은 어린시절의 갈등경험은 자기표상과 대상표상의 형성에 영향을 줄 뿐만 아니라 성인기의 대인관계에도 영향을 미친다고 하였다. 자기심리학은 자기를 가장 중요한 심리적 구조로 보았으며 대부분의 심리적 장애는 자기구조의 결함에 기인하며 건강한 자기감의 발달을 위해서는 자기대상이 필요하다고 주장하였다. 자기대상은 자기의 일부로 여기는 타인을 의미하는데 아이에게는 부모가 중요한 자기대상이 된다고 하였다(권석만, 2021).

(2) 정신분석 상담 방법

정신분석에서 사용하는 상담기법은 주로 자유연상, 꿈이나 실수에 대한 해석, 전이 등이 있다. 정신분석 상담이론은 인간의 심리적 문제와 성격과의 관계에 관심을 가지고 있으며, 자유연상은 정신분석 상담의 가장 핵심적인 기법이다(황현주 외, 2020).

① 자유연상: 내담자가 자유롭게 말하는 가운데서 그 속에 있는 내면의 욕구나 문제를 파악하는 것이다.
② 꿈이나 실수에 대한 해석: 내담자의 해결하지 못한 욕구나 감정이 꿈으로 표현된 것을 해석함으로써 개인의 무의식을 해석한다.
③ 전이: 내담자가 자신과 중요한 관계에 있던 대상과 해결되지 못한 문제가 있을 때 그러한 관계를 상담자에게 적용하는 것이다. 이때 내담자는 자신과 관계가 좋지 못했던 관계의 대상으로 상담자를 대하게 된다.

정신분석 상담에서는 아동이 자신의 내면을 표현하기 어려운 부분이 있으므로 자연스럽게 생각과 감정을 표현할 수 있도록 물, 노래, 인형을 활용한 놀이나 미술 재료를 활용하여 아동의 심리를 분석한다.

부모상담에서는 아동이 가지고 있는 문제가 주로 부모 자녀 관계나 양육문제에서 비롯된 것일 수 있으므로 부모에게 아동의 과거와 현재의 상태의 정보를 얻는다. 이때 부모가 긴장하거나 불안해할 수 있으므로 부모와 협력적인 좋은 관계를 형성하는 것이 필요하다.

2) 행동주의 상담이론

행동주의 학습이론은 자극의 반응, 반응의 결과, 반응과의 상호연관성에 중점을 두며 인간의 행동은 환경이나 상황의 조건에 따라 학습된다고 하였다. 이러한 행동주의 학습이론으로는 파블로프(Pavlov)의 고전적 조건형성, 스키너(Skinner)의 조작적 조건형성, 반두라(Bandure)의 사회학습이론이 있다.

(1) 고전적 조건형성

파블로프의 조건형성 실험은 개들이 음식이 입안에 오기 전에 침을 분비한다는 사실을 발견하고 조건을 형성하여 자극하고 이에 대한 반응을 관찰하였다. 즉 개는 먹이를 주면 자연스럽게 타액을 분비하는데 여기서 먹이는 무조건 자극(unconditioned stimulus)이고 분비된 타액은 무조건 반응(unconditioned response)이다. 파블로프는 개에게 중립자극인 종소리를 먹이를 줄 때마다 들려주는 것을 반복하였다. 여러 번 반복하자 개는 먹이가 없어도 종소리를 들으면 타액을 분비하였다.

중성자극인 종소리가 무조건 자극인 먹이와 연합되어 조건자극(conditioned stimulus)을 일으키는 고전적 조건형성이 이루어진 것이다. 고전적 조건형성이 잘 이루어지기 위해서는 조건자극이 무조건 자극보다 먼저 이루어져야 한다(Kimble, 1961).

고전적 조건형성의 원리는 소거(extinction), 자발적 회복(spontaneous recovery), 자극의 일반화(stimulus), 자극 변별(stimulus discriminstion)이며 행동수정에 활용된다.

(2) 조작적 조건형성

고전적 조건형성에서는 자극이 반응을 유발하지만 조작적 조건형성에서는 반응이 자극을 유도한다. 스키너는 인간 행동 대부분을 조작적 행동이라고 보았다. 즉 어떤 행동이 강화를 받게 되면 그 행동이 다시 나타날 확률은 증가하고 벌을 받게 되면 그만큼 일어날 확률은 감소한다.

스키너는 조작적 조건형성을 연구하기 위해 '스키너 상자'를 만들고 상장 안에 작은 쥐와 지렛대와 먹이를 넣었다. 상자 안의 지렛대는 누르면 먹이가 나오는 작은 구멍이 있는데, 우연히 지렛대를 누르면 먹이가 나온다는 것을 알게 된 쥐는 먹이를 얻기 위해 지렛대를 누르는 횟수가 증가하게 된다. 지렛대를 누르는 반응이 강화를 받게 되면 반응의 발생률은 증가한다.

조작적 조건형성은 강화와 소거, 벌에 의한 원리로 설명된다.

- 강화: 행동의 발생 변화를 주는 강도로 정적 강화는 바람직한 행동을 했을 때 그 행동이 일어날 확률이 높아지는 것이고 부적강화는 어떤 행동 후 불쾌한 자극이 제거됨으로써 그 행동이 일어날 확률이 높아지는 것이다.
- 벌: 행동의 발생 빈도를 줄이거나 없애는 자극으로 정적 벌과 부적 벌이 있다. 정적 벌은 어떠한 행동이 나타날 때 불쾌한 결과를 제시, 부적 벌은 어떤 행동이 나타날 때 좋아하는 결과를 제거하는 것이다.
- 소거: 어떤 행동의 강화를 줄여서 그 반응이 일어날 빈도를 감소시키는 것이다.

(3) 사회학습이론

반두라는 사회적 상황 속에서 다른 사람의 행동을 관찰하고 모방함으로써 많은 것을 학습할 수 있다고 하였다. 반두라의 사회학습이론은 관찰 학습과 대리경험을 중요시한다. 관찰학습에는 주의, 파지, 운동재생, 동기유발의 4가지 과정이 있으며, 하나라도 빠지면 성공적 학습은 이루어지지 않는다. 반두라는 인지적 사회학습이론으로 아동의 공격성을 설명하였다(Bandure, 1965, 1971, 1977; 홍길회 외, 2019. 재인용).

(4) 행동주의 상담 방법

왓슨과 레이너(Watson & Raynor)는 인간의 행동은 학습되며 공포나 두려움과 같은 정서도 학습될 수 있다고 보았다. 공포반응의 형성은 고전적 조건형성(Watson, J. B., & Raynor, R., 1920)에 의해서 일어나는 반면 공포반응의 유지는 조작적 조건형성에 의해 일어나게 된다(Mowrer, 1939, 1950). 특정공포증은 조건형성뿐만 아니라 대리학습과 정보전이에 의해서 형성될 수 있다(Rachman, S. 1977; 권석만, 2021. 재인용).

행동주의 상담 방법에서는 이러한 정서 완화를 위해 체계적 둔감법, 혐오적 조건형성과 강화법, 자기주장훈련 등을 활용한다(황현주 외, 2020).

- 체계적 둔감법: 아동이 두려워하고 불안해하는 상황에 부딪히게 함으로써 이러한 상황을 극복하도록 하는 것이다. 우선 아동이 불안하거나 두려워하는 상황이나 대상을 파악한 후 수위가 가장 낮은 단계로부터 출발하여 점차 높은 단계까지 높여 훈련하는 것이다.
- 혐오적 조건형성: 조작적 조건화 이론을 적용한 것으로 부정적인 행동을 할 때 혐오적인 자극을 줌으로써 행동을 감소하거나 토큰을 이용하여 긍정적인 행동을 강화하는 것이다. 이때 토큰은 아동이 원하는 후속 강화물을 사용한다.
- 자기표현 훈련: 자신의 감정 표현에 어려움을 갖거나 자기 억제로 인해 불안을 느끼는 경우, 이에 대한 감소를 위해 자신을 표현하는 방법을 훈련한다.

행동주의 상담의 상담목표는 내담자의 부적응 행동을 변화시키고 효율적인 의사결정 과정을 학습하게 함으로써 문제 발생을 예방하는 것이다. 또한 구체적인 행동상 문제를 해결하여 일상생활에서 전이될 수 있는 행동 변화를 이룬다(George & Cristiani, 1995; 김용숙 외, 2021. 재인용).

3) 인지행동주의 상담이론

인지행동주의에서는 인간은 합리적인 것과 비합리적인 것을 구분하는 인지도식을 가지고 태어난다고 하였다. 비합리적인 사고는 인간의 사회 영향에 의한 것이지만 더 근본적으로는 생물학적 근원으로 인해 발생한다고 보았다(Ellis, A., & Dryden, W., 1997). 예를 들어 부모가 아이에게 거짓말하지 않도록 가르쳐도 아이가 거짓말하는 행동을 막을 수는 없는 것이다. 따라서 비합리적인 사고를 가진 사람은 자신의 일을 비합리적으로 해석하기 때문에 정서나 행동에 문제가 나타나며 이러한 신념을 합리적 신념으로 수정한다면 건강한 성격 발달을 이룰 수 있다고 보았다.

(1) 인지행동주의 상담의 개념

엘리스(Ellis, 1996)는 인간의 부적응적인 신념체계 내용을 구체적으로 제시하였다. 인간의 심리적 부적응과 장애의 주요 원인을 비합리적 신념(비현실적인 기대와 요구)으로 엘리스는 보았다(권석만, 2021).

인간의 인지, 행동, 정서는 상호작용하면서 인간의 행동과 관계에 많은 영향을 준다. 비합리적인 사고를 가진 사람은 상황을 주관적으로 해석하기 때문에 자신을 괴롭히게 된다. 이같이 신념은 매개 요인으로 작용하여 결과에 영향을 주게 된다.

백(Beck, 1976)은 인간의 정신적 장애는 일상생활의 스트레스 사건을 경험할 때 부정적인 내용에 자동사고로 인해 발생한다고 하였다. 따라서 정서적인 문제를 갖고 있다면 이를 해결하기 위해 자신이 가지고 있는 부정적인 자동사고가 무엇인지 인식하고 이를 현실적으로 평가해야 한다고 하였다. 즉 체계적이고 효과적인 훈련을 통해 내면의 자동적 사고를 고쳐야 한다는 것이다(강정원 외, 2018).

(2) 인지행동주의 상담 방법

인지주의 상담에서는 인간의 부정적인 감정과 행동을 발생시키는 선행사건 속에서 비합리적인 신념을 찾아내고 그러한 신념을 합리적인 신념으로 바꾸는 연습을 시킴으로 비합리적인과 합리적인 것을 변별하게 한다. 즉 체계적인 훈련을 통해 현실적이고 합리적인 선택을 하도록 하는 것이다.

아동이 대상일 경우 상담자는 놀이활동을 통해 아동이 자신의 왜곡된 사고과정과 비합리적인 신념을 스스로 이해하고 수정할 수 있도록 한다. 즉 아동에게 행동 변화의 주체가 자신인 것을 알게 하여 스스로 변화를 통해 정체감을 형성하도록 한다.

4) 인간중심 상담이론

인간중심 상담이론은 인간은 자신의 문제를 해결할 수 있는 잠재력을 가지고 있으며 적절한 환경 속에서 자신의 성장과 잠재력을 실현할 수 있다고 보았다. 인간이 성장하기 위해서는 무비판적인 수용과 가식 없는 이해의 관계 속에 있을 때 발휘될 수 있다고 하였다. 그러나 아동의 경우, 무비판적으로 들어주는 것만으로 문제를 해결할 수 없는 어려움이 있다.

인간중심 상담이론을 아동상담 원리에 적용한 랜드리스(Landreth, 1991)는 아동과 상담할 때는 따뜻한 태도로 보살피며 발달의 점진적 과정을 이해하고 아동이 다른 모습이기를 바라지 않는다고 하였다(강정원 외, 2018). 아동을 존중하고 무조건적으로 수용할 때 아동은 자신을 탐색하고 표현할 수 있으며 자기이해력이 발달하게 된다.

(1) 인간중심 이론 개념

로저스(Rogers, C. R., 1942)의 인본주의 이론에서 가장 핵심적인 개념은 '자기(self)'이며 '있는 그대로의 자기'와 '이상적인 자기'가 있다. '이상적인 자기'는 자기가 바라는 '자기(self)'이며 자신의 잠재력을 발휘하고 실현하는 가운데 진짜 자기(self)가 될 수 있다(황현주 외, 2020). 로저스는 이러한 자기 실현성이 인간의 가장 주된 동기이며 다른 모든 동기의 원천이 된다고 보았다(Hjelle, A. L., & Ziegler, J. D., 1981, 권석만, 2021 재인용). 인간중심 이론의 주요개념은 현상학적인 장, 자아, 심리적문제, 관계, 완전하게 기능하는 사람이며 내용은 아래와 같다(강정원 외, 2018).

① 현상학적인 장

현상학적인 장은 개인의 내적 준거 체계에 의해 의미를 갖게 되며 공감적 추론에 의해서 다른 사람에게 전달된다.

② 자아

자기 자신, 자신의 힘, 약점 등에 관해 가지는 일련의 가설이 현상학적인 장에서 만들어지고 긍정적, 부정적 경험을 통해 조건부 가치를 지니면서 자아의 행동 가치가 형성된다.

③ 심리적 문제

다른 사람에게 인정받고자 하는 욕구와 자신이 경험하는 타인의 평가와 불일치할 때 불안을 경험하게 되고 이것이 심리적 문제를 일으킨다.

④ 관계

인간의 자기실현은 유기체의 현상학적인 장에 있는 그대로 수용해 주며 존중하는 관계 속에서 이루어진다.

⑤ 완전하게 기능하는 사람

신체적 측면과 정서적 측면의 기능이 일치하게 되면 현상학적인 장에서는 완전한 기능을 할 수 있다. 완전하게 기능한다는 것은 자신에 잠재력과 재능을 충분히 활용해 자신과 자신의 모든 경험에서 완벽한 지식을 갖게 된다는 것이다.

인간중심 상담이론은 로저스의 성격이론과 매슬로우의 동기이론으로 설명되며 로저스는 '완전하게 기능하는 사람'은 실재로 존재할 수 없지만 모든 사람이 이를 향해 나간다고 하였다. 매슬로우는 인간은 자기성장과 자아실현을 추구하고자 하는 강한 동기를 갖고 있다고 하였다(김순혜, 2007).

(2) 인간중심 상담 방법

인간중심 상담은 방어적 행동을 하는 가치조건의 해체를 돕고 유기체적 경험과 개방성을 돕는 것이다. 즉 자아개념과 경험 간의 일치 정도를 높여 제 기능을 다하는 사람이 되고, 능력과 개성을 최대한 발휘하는 자아실현을 촉진하는 것이다.

인간중심 상담은 상담관계의 조건을 강조하며, 조건은 순수성, 무조건적 긍정적 관심, 공감적 이해이다. 순수성은 상담자가 순수성 표현을 위해 가식과 가면을 버림으로써 내담자가 상담자를 투명하게 보는 것을 말한다. 무조건적 긍정적 관심은 내담자를 한 인간으로써 존중하고 배려하는 것이다. 공감적 이해는 상담과정에서 내담자를 민감하고 정확하게 이해함으로써 공감적 이해를 하는 것을 말한다(김용숙 외, 2021).

아동의 발달과 이해를 돕기 위한 상담이론으로 정신분석적 상담, 행동주의적 상담, 인지행동주의적 상담, 인본주의적 상담을 살펴보았다. 아동은 발달과정에 있으며 인지, 정서, 행동이 분리되지 않고 유기적으로 연결되어 있으므로 하나의 이론과 방법을 사용하기보다는 통합적으로 바라보고 사용하는 것이 바람직하다.

Chapter 02

변화하는 가족 · 부모의 이해

최근 한국 사회에서 가족은 급격히 변화하고 있다. 만혼이 보편화되는 추세로, 평균 초혼 연령은 남성과 여성 모두 30세를 넘어섰고, 2019년 합계출산율은 0.92명(통계청, 2020 인구동향조사)을 기록하여 전 세계에서 초저출산 국가가 되었다(여성가족부, 2021). 한편, 가족의 형태에서도 부모와 자녀 세대로 구성되었던 전형적인 가족구조가 점차 줄어들고 한부모, 조손가족 등의 다양한 형태의 가족이 증가하고 있다. 가족의 구성 형태가 다양해지면서 가족 개념에 대한 인식도 변화되고 있다.

여성가족부의 2020년 가족실태조사 분석 연구에 의하면, 혈연적으로 연결되지 않고 주거 공간을 공유하지 않는 관계라 해도 정서적으로 친밀성을 가지고 있으면 가족이라는 것에 동의하는 수준이 높게 나타났다. 즉 혈연에 기반한 법적인 관계 및 생계를 공유하는 경제적 공동체로서의 가족에서 더 나아가 정서적인 친밀성을 나누고 함께하는 대상과의 관계를 가족의 개념으로 인식하고 있다. 이것은 향후 가족의 핵심 기능이 정서적 유대와 친밀성이 될 것임을 시사하는 결과이다.

이와 같은 인식과 관련된 태도의 변화는 실제적인 선택과 행동에 영향을 주고 있다. 결혼과 출산은 필수가 아니라 선택적인 요소로 생각하게 되었다. 전통적으로 혼인에서 비롯된 혈연 중심의 가족 개념이 확장되어 비혼 출산이나 비혼 동거, 이혼과 재혼으로 인한 가족 형성의 다양한 면들을 고려하는 것은 당연하게 되었고, 이러한 요인들에 대한 수용도가 높게 나타나고 있다. 변화에 따른 인식은 개인의 가족과 관련된 행동 변화에 영향을 주게 되었다(여성가족부, 2021).

따라서 가족의 개념과 인식이 확장되어감에 따라 다양한 특징을 가진 가족, 부모와의 효과적 소통을 위해서는 이를 반영한 지식과 이해가 요구된다.

1 다양한 가족 유형

1) 맞벌이 가족

맞벌이 가족은 부부가 함께 직업을 가지는 가족의 형태를 말한다. 기혼 여성의 경제활동은 산업화 초기 빈곤가정의 경제적 이유로 시작되었으나 여성의 교육 수준 향상과 자아실현의 욕구가 증가하면서 그 비율이 증가하고 있다.

① 맞벌이 가족의 현황

통계청 조사에 의하면 2021년 유배우 가구 1,258만 7천 가구 중 맞벌이 가구는 582만 3천 가구로 유배우 가구의 46.3%를 차지하고 있다. 또한 우리나라 맞벌이 가구(2021년 기준)의 18세 미만의 자녀 연령은 주로 6세 이하와 7~12세가 많은 편이다.

〈표 2-1〉을 보면 6세 이하는 84만 2천 가구, 7~12세는 81만 1천 가구, 13~17세는 64만 7천 가구 순으로 나타나고 있다. 특히 6세 이하의 자녀는 전년도 대비 유배우는 감소하였으나 맞벌이는 2.5% 비중이 증가하였다(통계청, 2022).

표 2-1 자녀 연령별 맞벌이 가구

(단위: 천 가구, % %p)

	2020년			2021년			증감		
	유배우	맞벌이	비중	유배우	맞벌이	비중	유배우	맞벌이	비중
전체	4,236	2,164	51.1	4,309	2,299	53.4	73	135	2.3
6세 이하	1,817	813	44.8	1,780	842	47.3	−37	29	2.5
7~12세	1,375	741	53.9	1,460	811	55.5	85	70	1.6
13~17세	1,044	609	58.4	1,069	647	60.5	25	38	2.1

자료: 통계청(2022). 2021년 맞벌이 가구 및 1인가구 고용현황. p.7.

② 부모역할의 어려움

대부분에 여성들은 자녀 양육은 자신이 감당해야 할 역할이라고 생각하고 장시간 영유아를 어린이집에 맡기는 것에 대한 죄책감과 불안감을 가진다. 자녀에 대한 죄책감은 우울감을 가지게 하고 이러한 반응은 다시 자녀에게 영향을 준다. 또한 자신의 역할을 다하지 못한다는 자책은 자녀의 요구를 지나치게 수용함으로써 허용적인 부모가 되기 쉽다.

가사와 일을 모두 완벽하게 해야 한다는 '슈퍼우먼 콤플렉스'는 심리적인 갈등과 스트레스를 유발하고, 이러한 역할 갈등은 심리적 긴장과 함께 자녀 양육에 어려움을 발생시킨다. 특히 직무스트레스가 가중되면 자녀에 대한 돌봄이나 애정 표현이 덜하게 되고 이에 따라 자녀는 엄마의 눈치를 보며 정서적인 불안감을 느끼게 된다.

2) 한부모가족

한부모가족은 모 또는 부 중 한 사람이 사별, 이혼, 배우자로부터 유기, 미혼자의 자녀 출산, 정신이나 신체장애로 장기간 노동능력을 상실한 배우자를 가지는 등의 이유로 부모 중 한 사람만이 18세 미만의 아동의 자녀를 양육하는 가족을 의미한다(한부모가족지원법 제4조).

① 한부모가족 현황

2020년 인구주택조사에 의하면 30세 이상 인구의 이혼 비중은 2010년 5.3%에서 2015년 6.5%, 2020년 7.2%로 상승한 것으로 나타난다. 또한 여성의 이혼은 2010년 5.6%에서 2020년 7.7%로 증가하였고 남성은 2010년 4.9%에서 2020년 6.7%로 증가하였다(통계청, 2021). 과거 한부모가족은 사별로 인해 발생하는 경우가 많았으나 오늘날에는 이혼이나 별거, 배우자의 가출로 발생하고 있다.

표 2-2 혼인상태별 인구(15세 이상)

(단위: 천 명, % %p)

	인구			구성비		
	2015년	2020년	증감	2015년	2020년	증감
배우자 있음	23,899	24,575	676	55.9	55.9	0.0
사별	3,266	3,148	−118	7.6	7.2	−0.4
이혼	2,183	2,545	362	5.1	5.8	0.7

자료: 통계청(2021). 2020년 인구주택총조사표본 집계. p.4.

2021년 한부모가족 실태조사에 의하면 한부모가족의 가구구성은 모자로 구성된 가구가 53.4%로 가장 많았으며, 다음으로는 부자가구가 20.7%, 모자와 기타 가구원으로 이루어진 가구가 14.0%, 부자와 기타 가구원으로 이루어진 가구가 11.9%로 나타났다.

한부모가족 지원법 제4조에 의하면 '청소년 한부모'라는 가족구성원이 나온다. '청소년 한부모'란 24세 이하의 부 또는 모를 말한다. 최근 저출산과 함께 미혼모나 비혼모에 관한 관심이 증가하였다.

2018년 기준 우리나라의 미혼모 · 부는 29,022명이며 그중 미혼모는 21,254(73%), 미혼부는 7,768(27%)이다. 모든 연령대에서 미혼부에 비해 미혼모의 비율이 높으며 특히 낮은 연령대의 미혼모의 비중이 높다(허민숙, 2019). 이러한 청소년 한부모 가운데는 본인도 충분한 사랑과 보살핌을 받지 못해 아기를 양육하는 기본적인 방법조차 잘 알지 못하는 경우도 많다.

한부모가족은 심리적으로 배우자와의 사별 및 이혼을 통해 상실감과 배신감, 분노, 실패감, 우울감 등을 느끼며 경제적으로도 어려움을 가진다. 또한 양부모 가족생활을 하다가 한부모가족이 된 어머니, 아버지는 다른 한 편의 부모 역할수행을 해야 하는 역할 과중을 경험하게 된다.

(단위: %, 2015년: n=2,038, 2018년: n=2,039, 2021년: n=2,848)

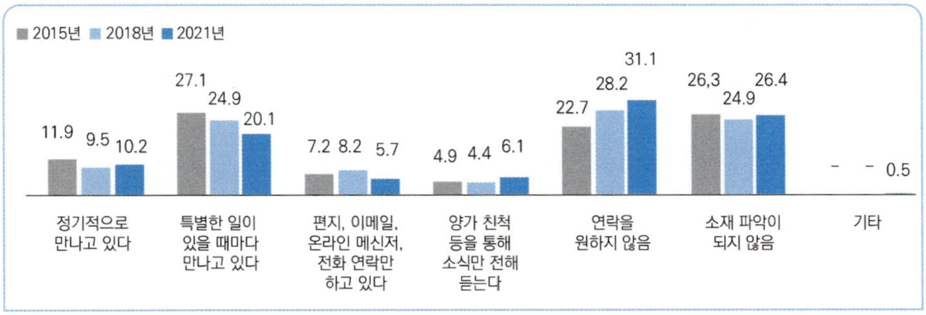

그림 2-1 자녀와 비양육부모와의 교류정도

출처: 여성가족부(2021). 2021년 한부모가족실태조사. p.272.

한부모의 자녀들은 비양육부모와의 교류에서 비양육부모가 '연락을 원하지 않아서 연락하지 않거나(31.1%)', '소재 파악이 되지 않아서 전혀 연락되지 않는 것(26.4%)'으로 나타났다.

② 부모역할의 어려움

한부모가족은 편부가족과 편모가족으로 나눌 수 있는데 편부가족은 가사노동이나 자녀양육에 대한 경험에 부실로 자녀 양육에 있어 어려움을 겪게 된다. 편모가족은 아버지의 부재로 어머니 혼자 경제적 책임을 감당하기에 만성적인 피로와 자녀 양육에 할애하는 시간이 부족하다.

한부모가 미취학 자녀 양육 시 가장 어려움을 느끼는 것은 '양육비 · 교육비 부담(72.1%)'이었고 다음으로는 '양육 및 교육 관련 정보 부족(65.3%)', '자녀를 돌봐줄 믿을 만한 사람을 구하기 어려움(64.1%)', '직접 자녀를 돌볼 시간 부족(63.5%)'이었다. '생활지도의 어려움(45.4%)'은 가장 낮은 것으로 나타났다.

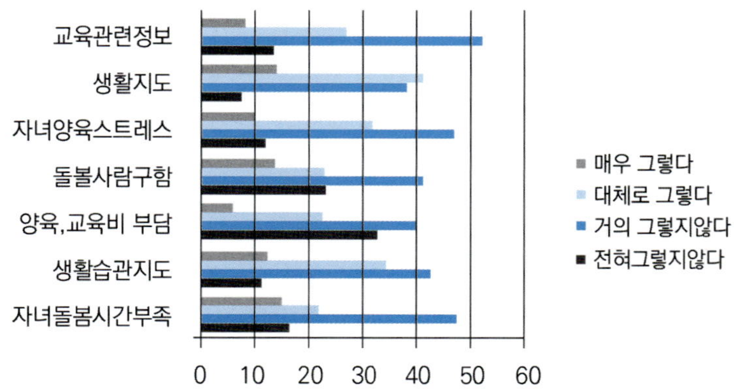

그림 2-2 자녀양육의 어려움(미취학 자녀)

출처: 여성가족부(2021). 2021 한부모가족실태조사. p.112. 내용에 맞게 재구성.

부부는 이혼 후 보통 친권자 및 양육자가 양육을 전담한다. 이 경우 비양육모, 비양육부는 자녀의 양육비를 일부 부담해주어야 하는데 양육비를 지급하지 않아 경제적 어려움을 겪게 된다. 이에 따라 한부모들은 자녀를 양육하면서 양육비 · 교육비 부담에 어려움을 가장 크게 느끼고 있다. 또한 경제적 어려움을 혼자 감당해야 하기에 자녀를 돌봐줄 믿을 만한 사람을 구하는 것에 어려움을 겪거나, 자녀를 돌볼 시간이 부족하다.

2021년 한부모가족 실태조사 결과에 따르면 이 · 미혼 한부모의 약 72.1%가 양육비를 지급받지 못하고 있다. 최근에는 정당한 사유 없이 양육비를 지급하지 않는 비양육부 · 모에 대한 명단공개, 출국금지, 형사처벌(1년 이하의 징역 또는 1천만 원 이하의 벌금)이 가능하도록 하는 '양육비 이행확보 및 지원에 관한 법률' 일부 개정법률 공포안이 국무회의를 통과하였으며 이와 같은 조치는 성별에 관계없이 양육비를 이행하지 않는 비양육부 · 모에게 동일하게 적용된다.

한부모의 역할 과중은 스트레스를 유발하게 되고 사회 · 심리적인 부담이 증가하면서 자녀 양육에 대한 능력이 위축된다. 이러한 부모의 심리적인 어려움은 아동의 적응에도 영향을 미치게 된다. 자녀는 부모의 양가적 감정을 경험하면서 심리적인 불안감과 분노를 느낄 수 있다. 또한 자제력이 약하거나 대인관계 기술, 인지적 기능의 어려움을 보이기도 한다.

3) 다문화가족

다문화가족이란 국제결혼을 통해 다양한 문화가 공존하는 가족을 일컫는 말로 서로 다른 인종을 만나 결합한 가정을 의미한다. 단일 민족으로 구성되었던 우리나라는 외국인 근로자와 다양한 국적의 이민자들이 결혼을 통해 가족을 이룸으로써 다문화가족이 점차적인 증가하는 추세를 보인다. '2018년 전국 다문화가족 실태조사'에 의하면 우리나라 다문화가족 중 10년 이상 한국거주자가 처음으로 60.6%로 크게 증가하였고 이 비중은 2021년도 조사에서 68.5%로 늘어나 70%에 육박한 상황이다(여성가족부, 2022).

① 다문화가족 현황

통계청에 의하면 다문화가족은 외국인 아내 혼인이 66.4%로 가장 많고, 외국인 남편(18.7%), 귀화자(14.9%) 순으로 나타났다.

다문화가족 혼인 비중을 살펴보면 한국인 남성과 외국인 여성의 결혼이 외국인 남성과 한국인 여성 결혼보다 비중이 높은 편이다.

표 2-3 다문화 혼인유형별 규모 및 비중(2018~2020)

(단위: 건, %)

	2018		2019		2020		전년 대비	
		비중		비중		비중	증감	증감률
다문화	23,773	100.0	24,721	100.0	16,177	100.0	−8,544	−34.6
외국인 아내	15,933	67.0	17,136	69.3	10,737	66.4	−6,399	−37.3
외국인 남편	4,377	18.4	4,260	17.2	3,024	18.7	−1,236	−29.0
귀화자	3,463	14.6	3,325	13.5	2,416	14.9	−909	−27.3

출처: 통계청(2021). 2020년 다문화인구동태 통계. p.5.

출신 국적별 혼인으로는 외국인, 귀화자 아내 출신으로 베트남(23.5%), 중국(21.7%), 태국(10.7%) 순이었다. 외국 출신의 남편 국적에서는 중국이 8.4%로 가장 많았고, 미국(7.0%), 베트남(3.1%) 순이었다.

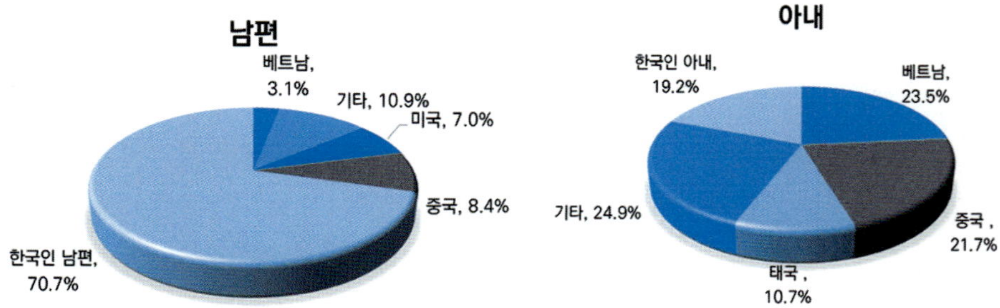

그림 2-3 출신 국적별 혼인비중, 2020년

출처: 통계청(2021). 2020년 다문화인구동태 통계. p.13.

여성가족부(2019)의 발표에 의하면 결혼이민자·귀화자의 차별 경험은 2018년 30.9%에서 2021년 16.3%로 감소하였으나 장소별 차별 경험 비율은 2018년과 비교할 때 전반적으로 상승하였다. 장소별 차별 경험으로는 직장이나 일터에서 지난 1년간 차별받은 비율은 69.8%로 가장 높았으며 학교나 보육시설에서 차별받은 비율도 31.2%로 나타난다.

표 2-4 사회적 공간별 결혼이민자·귀화자의 지난 1년간 차별경험

(단위: %, 명, 점)

	전혀 차별을 받지 않았다	가끔 차별을 받았다	자주 차별을 받았다	매우 자주 차별을 받았다	합계	평균
거리나 동네	51.6 (25,620)	42.8 (21,279)	3.8 (1,868)	1.8 (909)	100.0 (49,675)	1.56
일반 상업시설 (상점, 음식점, 은행 등)	46.5 (22,638)	47.1 (22,894)	4.6 (2,220)	1.8 (888)	100.0 (48,640)	1.62
공공기관(주민센터, 경찰서 등)	70.9 (32,671)	23.2 (10,689)	4.3 (1,963)	1.7 (785)	100.0 (46,108)	1.37
직장/일터	30.2 (13,157)	50.2 (21,874)	13.4 (5,862)	6.2 (2,699)	100.0 (43,591)	1.96
자녀의 학교나 보육시설	68.7 (15,338)	26.8 (5,989)	2.7 (613)	1.7 (376)	100.0 (22,316)	1.37
집(가족관계, 친척 등에게서)	78.8 (39,127)	17.1 (8,497)	2.3 (1,133)	1.8 (918)	100.0 (49,675)	1.27

출처: 여성가족부(2022). 2021년 전국다문화가족실태조사. p.242.

한국 생활의 어려움은 2015년에 비해 많이 감소하였으나 거주 기간 장기화에도 불구하고 언어 문제와 친구 · 이웃 사귀기의 어려움은 감소하기보다는 오히려 증가하였다. 결혼이민자 · 귀화자들이 한국 생활에 있어 가장 어려움을 느끼는 것은 언어 문제(23.9%)와 경제적 어려움(21%), 외로움(19.6%)이다(여성가족부, 2021).

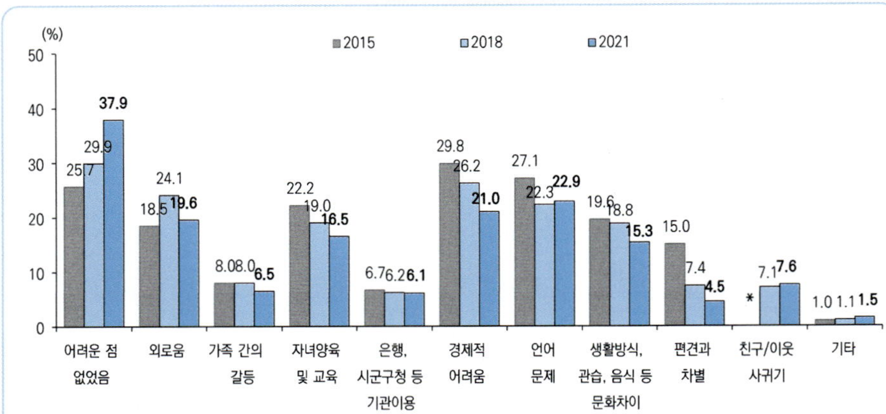

주: *는 2015년 조사의 응답 항목에 포함되지 않음.

그림 2-4 결혼이민자·귀화자의 지난 1년간 한국 생활의 어려움: 2015, 2018, 2021

출처: 여성가족부(2022). 2021년 전국다문화가족실태조사. p.201.

② 부모역할의 어려움

2021년 통계청이 발표한 지역별 다문화 출생에서 전체 출생아 가운데 다문화 출생아 수가 차지하는 비중은 2015년 4.5%에서 2016년 4.8%, 2017년 5.2%, 2018년 5.5%, 2019년 5.9%, 2020년 6%로 꾸준히 증가하고 있음을 나타내고 있다.

표 2-5 다문화 출생아 수

[단위: (명)]

연도	2015	2016	2017	2018	2019	2020
전체 출생아 수	438,420	406,243	35,771	326,822	302,676	272,337
다문화 출생아 수	19,729 (4.5%)	19,431 (4.8%)	18,443 (5.25)	18,079 (5.5%)	17,939 (5.9%)	16,421 (6%)

출처: 통계청(2021). 2020년 다문화인구동태 통계. p.43.

2021년 전국다문화가족 실태조사에 의하면 배우자와 결혼이민자 · 귀화자의 만 5세 이하 자녀양육에 어려움으로 자녀에게 '한국어 가르치기 어려움(26.8%)', '자녀를 돌봐줄 사람이 없는 것(20.5%)'이 가장 많은 것으로 나타났고 다음으로는 '양육에 대한 배우자 · 가족과 의견 차이(15.8%)'였다(여성가족부, 2021).

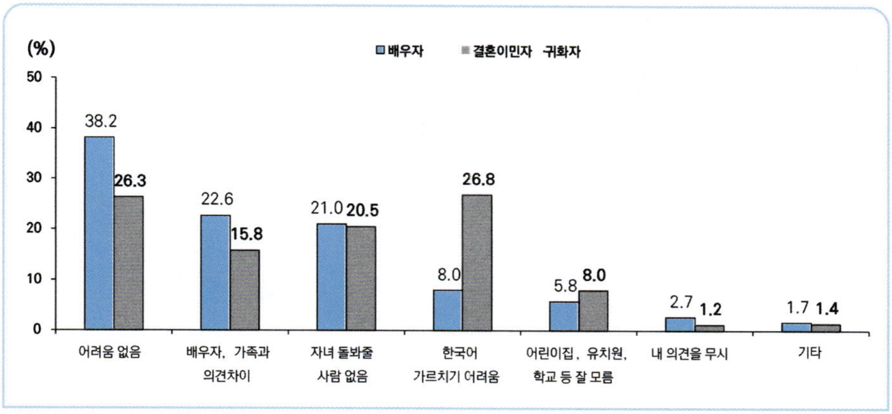

그림 2-5 배우자와 결혼이민자 귀화자의 만 5세 이하 자녀양육

출처: 여성가족부(2022). 2021년 전국다문화가족실태조사. p.150.

국제결혼을 하는 한국인에 배우자들은 언어 소통의 어려움과 문화가 다름에서 오는 고충, 차별과 편견을 경험하는 사람이 적지 않다. 이러한 현상은 심각한 가정폭력이나 부정적인 자녀 양육 태도로 연결되기도 한다. 대부분의 외국인 어머니는 결혼과 동시에 한국에 입국하기 때문에 언어나 문화를 습득할 수 있는 기회가 적으며 그 상태에서 자녀를 출산하게 된다. 자녀의 주 양육자인 어머니의 사용언어가 적합하지 않으면 자녀는 정상적인 언어습득과 상호작용, 의사소통에 어려움이 발생한다.

유아의 또래 집단은 중요한 사회화 매개가 되는데 다문화가정의 아이들은 외모가 다르고 어머니가 한국 사람이 아니라는 이유로 놀림을 받을까 봐 두려워하고 위축되어 또래와 소극적인 상호작용을 하게 된다(박재옥 외, 2020). 또한 한국 사회의 특성과 외국인에 대한 차별과 편견은 자녀로 하여금 학교생활 적응에 어려움을 발생시킨다.

4) 재혼가족

재혼가족이란 자녀의 유무 관계없이 한쪽 배우자가 재혼인 경우 형성되는 가족을 의미하며 부부 가운데 어느 쪽이든 전혼(前婚)에서 얻은 자녀가 최소한 한 명 이상 있는 가족을 재혼가족(Step family)이라 한다(홍길회 외, 2016).

재혼가족은 한부모가족보다 더 복잡하고 확장된 가족 관계망을 갖는다. 자녀의 유무와 상관없이 사별이나 이혼으로 형성된 재혼가족은 가족의 형성기부터 부부 두 사람으로부터 시작하지 않는다. 부모-자녀의 관계가 부부의 관계보다 먼저 형성되었기에 재혼가족의 가족형성기는 친부모-자녀-계부모의 삼각관계로 시작한다.

① 재혼가족 현황

2022년 통계청이 발표한 혼인 · 이혼 통계에 의하면 남녀 모두 초혼인 부부는 전체 혼인의 77.5%, 남녀 모두 재혼은 12.4% 차지하고 있다. 혼인 종류별로 살펴보면 남자 재혼+여자 재혼이 23.8%로 가장 많으며 다음으로는 남자 초혼+여자 재혼이 많음을 나타내고 있다.

표 2-6 혼인종류별 건수(2015-2021)

(단위: 천 건, %)

		2015	2016	2017	2018	2019	2020	2021		전년 대비	
									구성비	증감	증감률
계*		302.8	281.6	264.5	257.6	239.2	213.5	192.5	100.0	−21.0	−9.8
남자	초혼	256.4	238.1	222.5	216.3	199.5	180.1	161.2	83.7	−18.9	−10.5
	재혼	46.4	43.3	41.7	41.1	39.4	33.3	31.1	16.1	−2.2	−6.6
여자	초혼	250.0	232.4	216.8	210.3	193.9	175.0	156.5	81.3	−18.6	−10.6
	재혼	52.7	48.9	47.4	46.7	44.5	38.1	35.6	18.5	−2.5	−6.5
남(초)+여(초)		238.3	221.1	206.1	200.0	184.0	167.0	149.2	77.5	−17.8	−10.6
남(재)+여(초)		11.7	11.1	10.5	10.2	9.8	7.9	7.1	3.7	−0.8	−10.3
남(초)+여(재)		18.0	16.7	16.2	15.9	15.0	12.8	11.7	6.1	−1.1	−8.6
남(재)+여(재)		34.7	32.1	31.1	30.7	29.4	25.2	23.8	12.4	−1.4	−5.6

*미상 포함, 남(초):남자 초혼, 남(재):남자 재혼, 여(초):여자 초혼, 여(재):여자 재혼

출처: 통계청(2022). 2021년 혼인·이혼통계. p.3.

② 부모역할의 어려움

재혼가족 대부분 초혼 가족보다 더욱 다양한 관계를 형성한다. 가족이 서로 다른 발달 주기를 가지고 있으며 어떠한 상황이든 간에 재혼가족의 자녀는 전에 경험한 가족과의 생활 습관, 기억, 고통이 남아 있어 새로운 생활 적응에 어려움을 겪을 수 있다.

재혼가족의 형태에서 초혼+재혼인 경우, 초혼인 부나 모는 양육의 경험이 없기에 계자녀와 갈등이 발생할 수 있으며 자녀 양육에 있어서도 어려움을 느낄 수 있다. 또한 이전 부모나 조부모들이 새로운 가족에 계속 영향을 미칠 수 있으며 계부모는 자녀의 친부모와의 만남에 불안감을 가진다. 재혼가족의 자녀는 새로운 부모에 대한 충성심과 과거의 부모에 대한 죄책감 사이에서 혼란을 경험하며 부모 모두를 잃게 될까 봐 두려워한다.

TIP 재혼가정 자녀에게 가장 필요한 것은?

엄마에게는 전 배우자가 실제적으로 좋지 못한 대상이지만 아이 자신에게는 그렇지 않을 수 있다는 것입니다. 자신과 놀아주는 시간이 절대적으로 많지 않았어도 아빠와 사이가 그리 나쁘지 않았던 아이는 "아빠의 화내는 모습은 싫지만 직접 저를 때린 것은 아니잖아요"라고 말하기도 합니다. 따라서 아이에게도 아빠와의 헤어짐에 대해 솔직한 감정을 이야기할 수 있는 애도의 과정이 필요합니다. 아마도 양가적 감정들을 표현할 확률이 높습니다. 그리고 이혼 과정에서 아이는 심한 자존감의 손상을 겪습니다. 이런 상황에서 아이에게 가장 필요한 것은 무엇일까요?

아마도 안전감이고 신뢰감일 것입니다. 일단 아이 입장에서나 새아빠의 입장에서나 공통 관심사가 있어 아이와 정서적으로 소통이 되고 친밀감을 형성할 수 있으면 첫째 단계는 성공적이라 할 수 있습니다. 또한 아이와 새아빠가 친밀감을 형성하기 전에 아빠로서 권위만 내세우면 새로운 가정 형성에 균열을 가져올 가능성이 큽니다. 일차적으로는 친밀감과 관계 형성이 우선이고 이것이 인정될 때 새아빠의 권위도 인정됩니다.

너무 서두르지 말고, 서로 익숙하지 않은 문제에 부딪힐 때마다 서로의 문화와 습관을 존중해주는 모습을 통해서 아이는 엄마와 새아빠 사이의 존중을 배울 수 있습니다.

출처: 한겨레(2020). 재혼가정 자녀에게 필요한 것은? (https://m.hani.co.kr)

5) 조손가족

조손가족이란 조부모와 18세 이하의 손자녀로만 구성된 가족을 말한다. 이러한 개념에는 조부모와 손자녀의 동거 여부, 양육의 책임 여부가 포함되어 있다. 즉, 조부모가 부모를 대행한 역할을 수행하며 책임이나 권한 역시 가지고 있는 경우를 말한다(홍길회 외, 2016).

한국 사회의 가족주의 문화는 자녀가 분가해도 여전히 자신에 가족이라는 생각을 가지며 가족의 해체에 따른 문제도 자신들이 책임져야 한다는 의무감도 지니고 있다. 결국 가정해체에 따른 손자녀를 혈연의 유대와 정서적 연민을 바탕으로 조부모가 양육을 책임지게 된다.

① 조손가족 현황

2018년 기준 조부모와 미혼 손자녀로 구성된 총가구 수는 11만 3,297가구이며, 총가구원 수는 29만 8,038명으로 보고되고 있다. 이 중 조부모와 18세 미만 손자녀로 구성된 총가구 수는 52,951가구이며, 총가구원 수는 151,588명인 것으로 나타났다. 조손가족의 손자녀의 연령을 살펴보면 2018년 기준으로 0~4세는 14,216명, 5~9세는 18,076명, 10~14세는 15,715명, 15~17세는 11,176명으로 5~9세의 연령의 손자녀가 가장 많은 것으로 나타났다(허민숙, 2020).

표 2-7 조손가족 연령 별 손자녀 현황

(단위: 년, 가구, 명)

구분	전체	0~4세	5~9세	10~14세	15~17세
2015	64,965	16,225	14,723	19,021	14,996
2016	60,297	14,672	15,392	16,748	13,485
2017	60,700	14,543	17,258	16,189	12,710
2018	59,183	14,216	18,076	15,715	11,176

출처: 통계청. 국회입법조사처 제출자료(2021.2.21.) (허민숙, 2020); 세이브더칠드런(2020) 재인용. p.37.

최근 조손가족이 증가하는 이유로는 부모가 양육을 책임질 수 없는 상황인 이혼, 경제적 어려움, 질병, 수감생활과 같은 이유로 인해 비혈연 집단보다는 안전한 조부모에게 맡기게 되는 것이다. 또한 십대 미혼모가 늘어나면서 돌봐줄 수 있는 성인과 동거하기 위해 조부모 집에 거주하면서 조부모와 십대 자녀와 손자녀 3대 가족 구성원을 형성하게 되었다. 조부모의 경제 상황은 한부모보다 더 열악한 상황으로 주로 공공부조나 이웃이나 가족으로부터 받는 사적지원을 통해 생활을 유지하고 있다(김혜영, 2011; 세이브더칠드런, 2020 재인용).

② 조부모 역할의 어려움

대부분 고연령과 질병에 시달리는 노인이 손자녀 양육을 전담하면서 연령에 맞지 않는 역할을 감당하기 때문에 심리적인 부담감을 느낄 수 있다.

어린 손자녀와 조부모의 세대 간 문화, 환경의 차이로 인해 손자녀의 필요와 자극을 채우거나, 정서를 공감하고 수용하는 기술, 손자녀의 양육과 관련된 교육 및 지원에 대한 정보와 지식의 부족으로 인해 조부모는 어려움을 겪게 된다.

세이브칠드런(2020)의 조손가족 실태조사 연구 결과에 의하면 조부모가 손자녀 양육에 있어 가장 어려움을 느끼는 것은 경제적 부담이었으며 다음으로 손자녀의 양육과 관련된 교육 및 지원에 대한 정보와 지식의 부족이었다. 손자녀 양육으로 인해 나타나는 조부모의 감정과 걱정은 우울과 불안, 건강과 양육 간의 관계에 따른 걱정, 손자녀에 관한 미안함과 부담감이었다. 세대 간 문화, 환경의 차이로는 조부모의 문화 활동 인식에 대한 부재와 손자녀와의 식습관으로 인한 세대 간 갈등이었다.

조부모는 손자녀의 양육에서 기본적인 욕구와 식습관, 학습, 문화 등 다양한 어려움을 경험하지만, 이것을 해결할 방법이나 지원에 대해서는 잘 모르는 것으로 나타났다.

표 2-8 조부모의 손자녀 양육의 현실과 감정, 그리고 대처

주제어	하위 주제어	코딩 예
조부모의 손자녀 양육에서 나타나는 현실	손자녀 양육에 대한 경제적 부담	일용직으로 일하면서 돌봄이 너무 어렵다
	손자녀 양육으로 인한 본인의 건강관리에 대한 소홀함	무릎이 아파서 수술을 하려고 해도 내가 입원한 동안 아이들은 어떻게 하나
	조부모의 발달단계에 따른 손자녀 양육에 대한 이해 부족	조부모님들이 사춘기의 특성에 대한 걸 전혀 모르시잖아요.
	손자녀 양육과 관련된 교육 및 자원에 대한 정보/지식부족	사회적인 자원을 찾아 사용하는 것에 대해 잘 모르시니까
	아동보호/양육공백발생	아동이 집에서 혼자 방치되는 시간이 길다 보니까
	조부모의 역할에 따른 손자녀 대처의 차이 및 한계	할아버님이 여자아이를 키우시면 진짜 많이 힘들어하세요.

주제어	하위 주제어	코딩 예
손자녀 양육으로 인해 나타나는 조부모의 다양한 감정과 걱정	손자녀 양육으로 인해 발생하는 조부모의 불안과 우울감	우울감을 많이 호소해요
	조부모의 건강과 양육 간의 관계에 따른 걱정	내가 건강해야 이 아이를 키우는데 언제까지 이 아이를 키울 수 있을까
	손자녀의 학교생활에 대한 걱정	학교생활을 잘하고 있는지 늘 걱정
	조부모의 아동에 대한 미안함과 부담감	많이 못 챙겨줘서 미안한 마음
조부모의 손자녀 양육에서 느끼는 긍정적 측면	손자녀로 인해 살아가는 이유를 찾는 조부모	아이를 키우면서 보람도 느끼고
	손자녀에 대한 정서적 의지	조부모님께서 아이를 의지하는 경우가 있어서
세대차이로 인해 나타나는 손자녀 양육에 대한 어려움	문화활동에 대한 인식 부재 및 열악한 여건	할머니가 잘 모르시니까 아이들이 문화적으로 접촉할 수 있는 것들이 제한
	식습관에서의 세대별 차이에서 오는 갈등	그 세대만 공유했던 식사와는 다르다 보니까 거기에서 오는 갈등이 있어요.
손자녀 양육 문제를 해결하기 위한 노력과 한계	손자녀 양육을 위해 포기한 삶	본인의 모든 일정을 다 취소하시고 모든 초점이 아동에게 맞춰지다 보니
	가족 내 문제해결을 위한 소극적 대처	개인적으로 삭히시거나, 종교 힘으로 버티시거나
	문제해결을 위한 공간 및 방법의 부족	하소연할 곳도 많지 않고, 또 그거를 어떻게 해야 할지 모르시는 것 같아요.

출처: 세이브더칠드런(2020). 조손가족실태조사 연구보고서. p.149~150.

2 다양한 부모 유형

효과적인 부모 상담이 이루어지기 위해서는 영유아에 대한 이해와 함께 부모의 유형을 파악하는 것이 중요하다.

부모의 특성에 따라 영유아를 양육하는 태도가 다르며 영유아교육기관에 기대하는 요구도 다르기 때문이다. 부모 유형에 따라 비협조적인 부모가 있으며 교사는 이러한 부모와 의사소통 시에 어려움을 가질 수 있다.

1) 무관심한 부모

① 무관심한 부모의 특징

무관심한 듯한 부모 유형은 교사에게 별 반응을 보이지 않으며 자녀의 양육에 대해서도 무관심한 듯 보인다. 평소에 말이 별로 없으며 교사와 눈도 잘 맞추지 않으려는 경향이 있다. 반응이 없는 듯 보이지만 신중하거나 자신의 주관적인 생각이 강할 수 있다. 이러한 부모는 성향이 소극적이거나 매사에 의욕이 없거나 자녀 양육에 대해 무기력하고 우울감을 가지는 경우일 수 있다. 또한 마음은 있지만 바쁜 생활로 인해 자녀에게 관심을 쏟지 못하는 부모일 수 있다. 또한 경제적으로 어렵거나 주변의 도움이 없는 고립된 상태이거나 개인적 스트레스와 압박으로 인해 나타날 수 있다.

교사와 상담할 때도 그냥 입을 꾹 다물고 가만히 앉아 있거나 자녀에 관한 질문을 해도 단답형으로 대답하는 반응을 보이는 경우가 많다.

② 자녀양육의 태도

무관심한 부모는 자녀의 행동을 제한하지 않고 허용적이며 자녀의 욕구나 정서에는 잘 반응하지 않는다. 무관심한 태도는 방임적인 태도와 연결되며 이후에는 아동학대와도 연결될 수 있다.

이러한 부모의 자녀들은 타인과의 긍정적인 관계 맺는 것에 어려움을 가지고 불안하거나 우울감을 가진다. 낮은 자존감을 지니고 자신에 행동에 있어 제재받거나 상황에 따라 적절하게 행동하는 방법을 배우지 못해 공격적인 행동을 할 수 있다.

2) 부정적인 부모

① 부정적인 부모의 특징

매사에 의심이 많고 교사나 기관에 대해 부정적인 태도를 보이는 부모 유형이다. 작은 일도 교사의 책임을 묻거나 항의하는 모습을 보일 수 있다. 문제가 발생하면 회피하거나 변명으로 일관하는 모습을 보이기도 한다. 자녀에 대해서도 부정적인 이야기를 하면 대화 중 갑자기 감정이 격해지면서 욕설이나 교사 탓을 하기도 한다. 이러한 부모 가운데는 교사나 기관에 대한 상처로 인해 적대적 태도를 보이는 경우도 있다.

부정적인 부모는 항상 부정적으로 말하며 상대방이 모든 것을 이해해 줄 것을 생각한다. 어떤 문제나 현상에 대해서도 부정적으로 사고하는 경향이 강하기 때문에 작은 일도 크게 생각하여 예민한 반응을 하게 된다. 예를 들어 교사가 부모와 상담하는 과정에서 자녀의 문제행동에 대해 언급하는 경우 이러한 부모들은 문제에 대해 객관적인 사실로 받아들이지 않고 자신에 대한 공격이라 생각하고 감정적으로 반응한다.

② 자녀양육의 태도

부정적인 부모는 자녀의 양육에 있어 융통성이 부족하고 자신의 생각대로 문제를 바라보고 해결하려는 경향이 있다. 자녀의 행동에 대해서도 긍적적인 부분보다 부정적인 부분에 초점을 맞추어 이야기하게 된다. 즉 자녀의 강점을 바라보기보다는 고쳐야 할 점에 대한 불편감을 먼저 보게 된다. 따라서 자녀에 대해 평소 부정적인 이야기를 많이 하게 되고 이러한 것은 자녀의 발달이나 뇌에 영향을 미칠 수 있다. 2010년 마틴 타이커 미국 하버드 의과대학 교수팀의 연구 결과에 의하면 어린 시절 부모에게 언어폭력을 당한 사람은 뇌의 특정 부위가 위축된 것으로 나타났다. 좌뇌와 우뇌를 연결해주는 뇌량과 기억 형성과정에 중요한 역할을 하는 해마가 정상적으로 발달하지 않았다(정효진, 2019).

부모의 부정적인 말은 자녀에게 막대한 영향을 주며 자녀의 자존감과 발달에도 영향을 미친다. 부모가 자녀에 대해 부정적인 시각으로 바라보고 이야기한다면 자녀도 부정적으로 될 수 있다. 따라서 이러한 부모의 자녀는 위축감을 가지며 눈치를 보게 되고 낮은 자존감을 가지게 된다. 다른 사람과의 관계에서도 부정적인 행동과 말을 하게 된다.

3) 불안한 부모

① 불안한 부모의 특징

기관과 교사에 대한 믿음이 부족하여 매사에 믿지 못하고 불안해하는 유형이다. 사소한 일도 예민하게 받아들여 쉽게 넘어갈 수 있는 일도 크게 확대해서 생각한다.

문제나 현상에 대해서도 부정적으로 생각하는 경향이 강하다. 이러한 부모는 교사가 신뢰감을 통해 관계성 형성을 하는 것이 중요하다. 교사는 부모와 상담 시 영유아에 관한 장기간 누적된 관찰 기록이나 구체적인 검사자료 제시함으로써 신뢰감을 형성할 수 있다.

불안한 부모는 교사와 자녀에 대해 상담을 할 때도 자녀가 기관에서 다른 영유아와 상호작용 시 보이는 행동의 문제를 이야기하면 당황하고 불안해한다. 예를 들어 자녀가 다른 아이들에 비해 언어발달 부분이 조금 느린 것 같아 교사가 점검을 요청하게 되면 이미 문제가 있다고 단정하여 불안해하며 부정하는 모습을 보이게 된다.

② 자녀양육의 태도

불안한 부모들이 자녀에 대해 불안감을 가지는 것은 부모 자신의 불안에서 기인한다. 자녀가 문제가 있거나 행동에 있어 주의가 필요해서이기보다는 부모의 불안이 자녀에게 투영되는 것이다. 자녀가 원에서 다치지 않을까, 다른 친구들과 원만한 관계를 맺고 있을까, 정상적으로 발달하고 있는 것일까 등 아직 일어나지 않은 일들과 추측으로 인해 불안해하고 염려한다. 부모의 불안은 자녀를 지나치게 통제하거나 자녀의 행동에 예민한 반응을 보이는 것으로 나타난다. 결국, 자녀에게 불안감을 증폭시키고 예민한 태도를 형성하게 하여 아이의 사회적 관계성에 부정적인 영향을 미치게 되는 것이다.

미국 존스 홉킨스 어린이센터의 연구 결과에 의하면, 부모의 사회적 불안장애는 자녀들의 불안장애와 깊은 관련이 있다고 한다. 불안한 부모는 아이를 자신의 틀에 가두려고 하며 개별성을 부정하고, 자녀 스스로 선택을 존중하지 않는 경향이 크다. 부모 자신의 안심과 내적 평정을 유지하고자 예측 가능한 가시권 안에서 아이를 다루려고 한다. 그렇게 되지 않을 경우, 부모는 아이를 자주 꾸짖으며 아이들의 행위에 대해 부정적인 의문을 품는 경향이 크다(네이버 블로그 작가 brunch, 2019).

아이들은 성장해가는 과정에 있기에 부모는 자녀가 잘 크기를 바라는 마음으로 불안감을 느낄 수 있다. 그러나 이러한 불안이 부모의 불안으로 증폭되어 자녀에게 가중하게 된다면 문제가 될 수 있고 가족에게도 영향을 주게 된다.

TIP "권위주의적이고 무관심한 양육이 아동의 비만과 관련 있어"

영국의 만 명의 아동에 대한 20년 동안의 데이터를 분석한 결과 권위주의적이고 무관심(방치)한 양육이 아동기와 청소년기에 비만과 관련이 있음을 발견했다. 다만 허용적 양육에 대한 결과는 통계적으로 유의하지 않았다.

연구에서 분류한 양육방식은 ▲권위 있는(authoritative, 명확한 경계를 유지하면서도 따뜻한 부모), ▲권위주의·독재적인(authoritarian, 엄격한 훈육을 유지하고 따뜻함을 거의 나타내지 않는 부모), ▲관대·허용적(permissive, 공감적이지만 규칙이 거의 없는 부모), ▲방임·무관심한(neglectful or uninvolved, 정서적으로 무관심하고 규칙이 거의 없는 부모) 부모 등 4가지 유형이다. 권위주의적이고 무관심한 양육, 이 두 가지 유형은 모두 따뜻함의 부족이 특징이라고 연구원들은 말한다. 따뜻함의 부족은 아이가 배고플 때 먹고, 배부르면 그만 먹는 등의 음식 섭취를 스스로 조절하는 능력이 제대로 발달하지 못한다는 것을 의미할 수 있다는 것이다.

"권위주의적인 엄마는 요구하고 통제하는 반면, 따뜻함과 반응성이 낮은 것이 특징이다. 배고플 때 간식을 선택하지 못하게 하거나, 배고픈 것을 치우도록 강제하는 것이 어린이의 음식 섭취에 대한 통제로 인해 아이가 배고픈 신호에 반응하지 않게 할 수 있다" 또한 방치된 무관심한 양육은 규칙이 주어지지 않기 때문에 아이들은 건강에 해로운 선택을 자유롭게 하게 되어 비만으로 이어질 수 있다.

연구원들은 건강한 아이를 키우는 데 있어 부모의 근본적인 중요성을 강조한다. 관계에서 따뜻함과 감수성을 부여하면서 자녀에게 적절한 한계를 설정할 수 있는 부모가 자녀를 가능한 한 건강하게 더 잘 도울 수 있다는 것이다.

출처: 케미컬뉴스(http://www.chemicalnews.co.kr).

4) 방어적 부모

① 방어적인 부모의 특징

교사의 조언이나 의견에 대해 공감하거나 수용하기보다는 반대의견을 표시하거나 방어적인 태세를 취하는 부모들이다(강정원 외, 2018). 자신과 다른 의견을 가지는 경우 수용하기 어려워하며 회피하는 태도를 보인다. 이러한 부모들은 자신이 듣고 싶은 말만 들으려 하고 자신에 행동을 과장하거나 사실에 관해 인정하지 않으려 한다. 교사가 보이는 관심이나 걱정에 관해서도 부담을 느끼고 회피하려 한다. 교사가 부모와 상담 시 자녀의 부적응적인 행동을 이야기해도 다른 사람의 탓으로 돌리는 경향이 있다. 자녀의 행동에 대해 교사가 조언해도 잘 받아들이지 않는다. 더 나아가 가정에서는 그렇지 않음을 이야기하며 교사의 판단이나 의견에 이의를 제기하기도 한다. 예를 들어 교사가 자녀가 보이는 부정적인 행동에 관해 이야기하게 되면 '우리 아이는 원래 그렇지 않거든요. 집에서는 잘하는데 선생님이 관심을 더 가져주셨으면 좋겠어요'와 같이 요구하는 태도의 반응을 한다.

② 자녀양육의 태도

영유아들이 자신에 행동이나 말을 설명하는 것에 있어서 당사자인 영유아는 입장에서는 납득할 수 있는 행동이지만, 성인인 부모입장에서는 그렇지 않을 수 있다. 방어적인 부모는 다른 사람의 말을 경청하고 인정하는 것이 쉽지 않은 경향이 있으며 자녀에 대한 반응도 이와 유사하게 나타난다.

자녀의 있는 그대로의 모습을 받아들이기보다는 자신의 관점에 따라 자녀를 평가하고 자신의 요구대로 행동할 것을 강요하게 된다. 이와 같은 요구사항을 자녀가 잘 따라가지 못할 경우, 부모는 좌절과 적개심을 쏟아내기도 한다.

5) 불만형 부모

① 불만형 부모의 특징

매사에 불만이 많고 기관이나 교사에게 반대적인 태도를 보이는 유형의 부모이다. 이러한 부모들은 기관 내뿐만 아니라 외부까지도 자신의 불만을 이야기할 수 있다. 불만형 부모는 대부분 요구 조건이 많고 인정받고 싶은 욕구가 강하다. 불만이 표출될 때 부모의 상태는 감정적이고 비이성적인 편이다. 불만을 제기하는 부모 유형 다음과 같이 네 가지 유형으로 제시할 수 있다(강정원 외, 2018).

첫째, 적극적 제안형이 있다. 직접 문제를 제기하여 서비스 개선의 기회를 주는 가장 바람직한 유형이다.

둘째, 소극적 회피형이 있다. 수동적, 관망자로 어떠한 불만 제기도 하지 않고 불만을 속으로 쌓아두다가 말없이 퇴소한다.

셋째, 소극적 공격형이 있다. 불만을 유치원과 어린이집에 하지 않고 주변인에게 말하며 기관에 대해 나쁜 소문을 퍼뜨린다.

넷째, 적극적 민원형이 있다. 먼저 문제 제기를 해서 결과가 만족스럽지 못하면 법적 행동이나 대중매체, 행정적 민원을 내어 공식적으로 알려 앙갚음을 한다.

영유아 교사는 기관에 미칠 여러 가지 영향을 고려하여 불만형 부모와 의사소통을 해야 한다. 먼저 부모의 불만에 대한 이해와 진심 어린 공감을 표현하는 것이다. 부모가 불만을 이야기할 때는 구체적으로 어떤 부분에 있어 불만을 느끼는지 파악해야 한다.

② 자녀양육의 태도

불만형 부모는 자신이 불편하고 힘들면 그 상황에 대한 원망을 다른 사람에게 전가하게 된다. 자녀에 대해서도 일관성이 없이 자신의 기분에 따라 힘들면 감정을 표출한다. 자녀는 너무 어려서 부모의 이러한 상태를 이해하지 못하기 때문에 부모의 불만이나 분노를 자신에 잘못으로 책임을 전가하게 된다. 자녀는 부모의 감정표현과 애정을 표현하는 방식을 통해서 자신의 감정표현을 배우게 된다. 따라서 불만형 부모에게 자녀는 슬픔이나 분노 같은 부정적인 정서에 대해 무조건 나쁜 것이라 인식하게 된다.

6) 정보가 많은 부모

① 정보가 많은 부모의 특징

육아 정보나 보육에 대한 정보가 많으며 대중매체나 인터넷에서 접한 내용을 자주 이야기한다. 모든 것을 아는 것처럼 행동하는 부모이다. 이러한 부모 가운데는 자신이 교사인 경우도 있으며 때로는 유익한 정보도 있다. 자신이 알고 있는 자녀의 문제나 정보를 쏟아내는 등 적극적인 자세를 취한다. 그러나 인터넷의 정보가 자신에 자녀나 기관의 상황에 맞지 않는 주관적 정보이거나 검증되지 않은 관심을 끌기 위한 정보일 수 있다. 따라서 기관에서 발송한 자료나 교육과정을 우선시하고 인터넷 자료는 보완하는 방향에서 이용할 수 있게 안내해야 한다.

요즘 시대에 부모들은 인터넷 검색을 통해 많은 정보를 얻고 교환하기 때문에 필요한 정보를 검색할 수 있도록 유용한 사이트를 안내하여 공유할 수 있도록 하는 것도 효과적이다.

② 자녀양육의 태도

정보가 많은 부모는 자녀교육에 관한 관심이 많은 부모이다. 자신이 아이를 잘 키우고 있는지, 부모로서 더 해줄 수 있는 것이 무엇이 있는지에 대한 궁금증을 육아와 관련된 대중매체나 인터넷 자료를 통해 알고자 한다. 그러나 인터넷 자료는 객관적으로 입증된 자료보다는 주관적인 자료가 많기에 자녀와 맞지 않을 수 있다. 인터넷에 나온 자료를 토대로 자신의 자녀교육에 다양하게 접목하려는 태도는 오히려 자녀에게 불안감을 줄 수 있다. 또한 자녀의 흥미와 맞지 않을 수 있어 부담감을 준다.

PART

02

부모상담의 실제

Chapter 03

부모상담의 내용 및 기술

1 부모 상담의 기초

1) 상담의 목표

부모는 교사와의 상담을 통해 자녀의 기관에서의 생활이나 적응, 또래 관계, 발달 수준, 문제행동 지도에 대한 정보를 알고자 한다. 교사는 부모와의 상담을 통해 영유아의 가정에서의 생활, 특이사항, 양육방식, 부모의 특성, 기관에 대한 요구사항, 영유아의 행동 및 생활지도에 대한 가정의 연계 등을 알기 위해 상담을 한다. 부모상담의 목표를 구체적으로 살펴보면 다음과 같다.

(1) 영유아발달을 위한 협력

교사는 부모와의 상담을 통해 친밀감과 신뢰감을 형성하면서 자녀가 보이는 행동이나 문제에 대하여 함께 해결해나가는 협력자가 될 수 있다. 또한 영유아 지도에 대한 공동목표를 세울 수 있다.

(2) 영유아의 발달과정과 기관정보

교사는 상담을 통해 현재 영유아의 발달 수준과 발달과정 안내 및 기관의 교육철학과 운영방안 등에 대한 정보를 부모에게 제공할 수 있다.

(3) 영유아에 대한 정보

부모와 상담을 통해 영유아의 가정에서의 기본생활습관 지도, 기호도, 가정환경에 대한 정보 등 다양한 정보를 얻을 수 있다.

(4) 부모의 요구와 기대에 대한 정보

개별상담을 통해 부모가 가지고 있는 개인적인 기관에 대한 요구사항이나 기대, 자녀 지도에 관한 바람 등을 알 수 있다.

2) 영유아 발달에 대한 이해

부모와 상담하기 위해서 먼저 교사는 영유아의 발달에 대한 정확한 이해가 있어야 한다. 자녀의 연령에 따른 행동이나 발달 특성을 부모가 이해할 때 부모-자녀의 안정적 관계가 형성될 수 있다.

(1) 영유아 발달의 의미

영유아 발달은 영유아의 신체적·심리적 변화를 다루는 생애발달심리학(life-span developmental psychology)이다. 영유아기 발달이 가지는 중요한 의미는 다음과 같다(홍길회 외, 2019).

① 영유아의 발달은 가변성의 폭이 크며 인간 발달과정 중 결정적 시기에 해당된다.
② 초기환경에 민감한 영향을 받는 시기로 이후의 지적·성격 발달의 기초가 다져지는 시기이다.
③ 대인관계, 사회적 태도, 문제해결 능력, 창조성 등을 비롯한 인격의 기초가 다져지는 시기이다.
④ 다양한 프로그램과 교육적 기회를 통해 영유아의 지적 발달을 도모할 수 있다.
⑤ 영유아기는 학습의 잠재 가능성이 풍부하다.

교사는 부모상담 시 자녀들이 보이는 문제나 행동 특성에 관하여 영유아 발달 지식을 이용해 부모에게 설명할 수 있다. 이를 통해 부모의 자녀에 대한 이해를 돕고 자녀의 심리적, 행동적 문제를 함께 예방할 수 있다. 따라서 교사는 영유아의 어떤 부분을 관찰하고 어떻게 해석해야 하는지에 관한 이해를 하기 위해서 영유아 발달에 대한 지식이 있어야 한다.

표 3-1 발달단계에 따른 발달과업

구분	영아기	걸음마기	유아기	학령기
연령	0~18개월	19개월~3세	4~6세	7~12세
Freud	구강기	항문기	남근기	잠재기
Erikson	기본적 신뢰감 대 불신감	자율성 대 수치심	주도성 대 죄의식	근면성 대 열등감
Piaget	감각운동기 (대상 연속성)	전조작기의 전개념적 사고기 (상징적 사고, 자기중심적 사고, 물활론적사고)	전조작기의 직관적 사고기 (보존개념 미숙, 단순한 유목화와 서열화)	구체적 조작기 (가역적 사고, 복잡하고 세련된 유목화와 서열화)
발달이정표	사회적 미소, 낯가림	언어의 획득, 대소변 가리기, 자기주장	초자아 형성, 성역할 학습, 자조기술 익히기, 사회화 과정	지적추구, 집단동일시
발달과제	애착 형성	분리 개별화	사회화	생산성
놀이	단독놀이	병행놀이	협력놀이	경쟁놀이
적절한 환경	따뜻한 돌봄, 적절한 영양	자율성 존중, 한계설정	사회적 역할, 또래관계	지적 자극, 집단활동
심리사회적 행동양식	받고 주기	참고 배설하기	창조하고 시도하기	솔선적 시도와 협력적 시도
주요인물	엄마	부모	가족	교사, 또래

출처: 안동현(2005); 강정원 외(2018). 재인용. p.26~27.

(2) 영유아 발달 지식의 활용

부모상담 시 교사는 이러한 영유아 발달에 대한 이해를 토대로 자신이 관찰한 내용에 의미를 부모에게 전달할 수 있다. 예를 들어 불안이 많은 부모에게 '영유아 발달에는 개인차가 있으며 자녀의 놀이를 통한 적극적인 탐색 활동은 자기 스스로 발달하게 한다'는 이야기를 전함으로 안심시킬 수 있다.

영유아 발달이 가지는 의미 해석을 통해서도 부모의 자녀에 대한 이해를 도울 수 있다. 자녀의 행동이 발달 특성에 따른 행동임을 설명함으로써 자녀가 보이는 행동을 문제행동으로 인식하지 않을 수 있다.

가정의 기본생활습관 지도에 대한 협력을 구하기 위해 영유아기가 대인관계, 사회적 태도, 문제해결 능력, 창조성 등의 기초가 다져지는 중요한 시기임을 언급하며 요청할 수도 있다. 교사의 영유아 발달에 대한 이해는 전쟁에서 무기를 소유한 것과도 같다.

다음은 영유아기 발달에 있어 핵심이 되는 10가지 개념이다(Shonkoff & Phillips, 2000; 정옥분, 2013 재인용).

① 유전과 환경 모두 발달에 영향을 미친다.
② 영유아가 속한 사회문화는 양육에 대한 신념과 실제에 영향을 준다.
③ 영유의 자기조절 능력은 발달의 중요 지표 중 하나이다.
④ 영유아는 적극적인 탐색활동을 통해 스스로의 발달에 기여한다.
⑤ 만족스럽고 즐거운 인간관계 속의 상호작용은 건강한 발달의 토대가 된다.
⑥ 영유아의 발달에는 개인차가 있다.
⑦ 영유아의 발달은 연속적이기도 하고 비연속적이기도 하다.
⑧ 영유아는 손상을 입기 쉬운 동시에 회복력도 높다.
⑨ 경험은 그 시기가 중요하다.
⑩ 조기 중재가 중요하다.

(3) 영유아 교육의 이해

교사는 영유아 교육이 추구하는 목표, 방향, 철학, 아동에 대한 관점, 놀이에 대한 인식을 명확히 인식하고 설명할 수 있어야 한다.

영유아교육기관에 대해서 부정적이거나 불안을 가지는 부모에게 교사가 신념을 가지고 교육목표와 운영방침을 설명하면 부모의 불안을 잠식시키고 교육에 대한 확신을 줄 수 있다. 기관에서 행해지는 다양한 놀이가 어떠한 의미로 발달과 배움으로 연결되는 것인지 부모들은 알지 못하기 때문에 이에 관한 설명이 필요하다.

영유아의 자발적인 놀이는 사물에 대한 탐색으로 이어지고 탐색을 통해 궁금한 것을 해결하고자 하는 탐구로 이어지게 된다. 탐구활동은 새로운 지식을 발견하게 만들며 이것은 자연스럽게 배움으로 이어지게 된다. 이러한 교육과정에 대한 교사의 명확한 이해와 지식이 있어야 부모에게 누리과정의 핵심인 놀이의 중요성을 설명할 수 있는 것이다.

영유아 교육의 교육철학과 목표, 교육과정 운영에 대한 지식이 있어야 부모가 교육과정에 느끼는 불안에 대처하며 공동협력자로서의 관계를 구축할 수 있다.

3) 상담자의 역할

교사는 부모와 상담 관계를 형성하고 상담을 할 때 부모에 대한 이해와 자신에 대한 이해가 있어야 한다. 현재 부모가 겪고 있는 다양한 상황에 대한 인식과 교사 자신에 대한 이해를 통해서 부모에게 적절한 도움을 제공할 수 있다.

(1) 상담자로서의 교사 역할

상담자로서의 교사 역할은 다음과 같다.

① 조력자 역할

교사는 부모의 긴급한 요청사항이 요구되는 상황이 발생할 때 조력을 할 수 있는 조력자의 역할을 해야 한다. 현재 부모의 문제 상황이나 감정이 어떠한 상태인지 파악하고 조속한 도움을 주어야 한다. 이와 같은 교사의 조속한 도움은 부모의 긴장을 완화해주고 심리사회적인 지지감을 줄 수 있다.

② 안내자 역할

교사는 부모가 현재 인식하지 못하고 있는 문제나 상황에 관한 주의 환기를 하면서 부모 스스로 자각하고 해결해나갈 수 있도록 안내자의 역할을 해야 한다.

③ 중재자 역할

교사는 부모와 상담시 자녀의 행동이나 양육태도에 대한 평가 및 판단이 요구될 때 평가하거나 비판하지 않고 상황에 관한 중재를 하는 중재자의 역할을 해야 한다. 교사는 가족들의 행동, 가치, 태도 등에 대해 객관적 입장을 가져야 하며 가족 구성원 간의 의견 차이나 갈등으로 인한 마찰이 발생하지 않도록 해야 한다.

교사는 상담 가운데 부모가 자신의 부정적인 감정을 표현할 수 있는 편안한 분위기를 조성함으로써 부모가 자신의 감정을 표현할 수 있게 한다. 부모의 감정에 대한 의도적이고 적당한 반응을 하면서 부모가 현재에 상황을 객관적으로 인식할 수 있도록 한다.

(2) 상담자로서의 태도

교사는 비록 전문상담가는 아니지만, 상담에 관한 기본적인 태도와 지식이 필요하다. 효과적 의사소통을 위한 대화법이나 자세, 말투, 행동 등에 관한 지식은 부모와의 좋은 대인관계를 형성하게 한다.

부모 상담 시 필요한 기본적인 태도와 지식은 다음과 같다.

① 인격적으로 통합되고 진실하며 일관성이 있어야 한다.

② 사람에 관한 관심과 민감성과 공정성, 개방성, 유연성이 있어야 한다.

③ 상담에 필요한 의사소통의 기술이 있어야 한다.

④ 영유아 관찰과 검사에 대한 해석 기술이 있어야 한다.

⑤ 상담이론에 대한 기본적인 이해가 있어야 한다.

교사의 전문성 있는 태도는 부모와의 적절한 거리를 유지하게 함으로써 교사의 품위를 지키고 감정적인 대응을 하지 않게 한다. 교사는 따듯하고 수용적인 태도를 지니면서도 정서적으로는 분리될 수 있어야 한다.

(3) 상담자의 윤리

영유아교육기관에서 부모와 상담하는 역할수행을 하기 위해서는 기본적으로 지켜져야 할 윤리 사항들이 있다. 부모상담은 상담윤리를 준수하면서 부모와의 신뢰를 토대로 상담이 이루어져야 한다.

교사는 부모에 관하여 내담자로서 의무를 분명히 하고 이행함으로 내담자인 부모의 권리를 보호하고 존중해야 한다. 부모와 영유아의 성장과 문제해결 및 예방을 위해 최선을 다해 노력한다.

교사는 상담자로서의 한계와 수준을 인식하고 전문직 기준에 위배 되는 활동을 하지 않는다. 부모와의 상담 시 자신이 해결할 수 없는 경우 원장님이나 다른 동료 교사와 의논하여 해결해 갈 수 있다.

또한 부모 상담의 내용을 밖으로 노출해서는 안 되며 개인적 문제나 사생활에 있어서는 비밀 유지를 해야 한다.

TIP 한국카운슬러협회의 "한국카운슬러 윤리강령"

① 개별원칙

상담자는 내담자가 자기 및 타인에 대한 이해를 통하여 보다 바람직한 사회생활을 할 수 있도록 돕는다. 이러한 역할을 수행하는 과정에서, 상담자는 자기의 도움을 청하는 내담자의 복지를 보호한다. 내담자를 돕는 과정에서 상담자는 문의 및 의사소통의 자유를 갖되, 그에 대한 책임을 지며 동료의 관심 및 사회 공익을 위하여 최선을 다한다.

② 일반원칙

첫째 사회적 관계에서의 원칙이다.

- 상담자는 자기가 속한 기관의 목적 및 방침에 모순되지 않는 활동을 할 책임 있다. 만일 그의 전문적 활동이 소속기관의 목적과 모순되고, 윤리적 행동기준에 관하여 직무수행 과정에서의 갈등을 해소할 수 없을 경우에는 그 소속 기관과의 관계를 종결해야 한다.
- 상담자는 사회윤리 및 자기가 속한 지역 사회의 도덕적 기준을 존중하며, 사회 공익과 자기가 종사하는 전문직의 바람직한 이익을 위하여 최선을 다한다.
- 상담자는 자기가 실제로 갖추고 있는 자격 및 경험의 수준을 벗어나는 인상을 타인에게 주어서는 안 되며, 타인이 실제와 다른 인식을 가지고 있을 경우 이를 시정해 줄 책임이 있다.

둘째, 전문적 태도이다.

- 상담자는 상담에 대한 이론적, 경험적 훈련과 지식을 갖추는 것을 전제로 하며, 내담자를 보다 효과적으로 도울 수 있는 방법에 관하여 꾸준히 연구 노력하는 것을 의무로 삼는다.
- 상담자는 내담자의 성장 촉진 및 문제해결 및 예방을 위하여 시간과 노력 상의 최선을 다한다.
- 상담자는 자기의 능력 및 기법의 한계를 인식하고, 전문적 기준에 위배되는 활동을 하지 않는다. 만일, 자신의 개인문제 및 능력의 한계 때문에 도움을 주지 못하리라고

판단될 경우에는, 다른 전문직 동료 및 기관에게 의뢰한다.

셋째, 개인정보의 보호이다.

- 상담자는 내담자 개인 및 사회에 임박한 위험이 있다고 판단될 때 극히 조심스러운 고려 후에 내담자의 사회생활 정보를 적정한 전문인 혹은 사회 당국에 공개한다.
- 상담에서 얻은 임상 및 평가 자료에 관한 토의는 실제 당사자에게 도움이 되는 경우 및 전문적 목적에 한하여 할 수 있다.
- 내담자에 관한 정보를 교육장면이나 연구용으로 사용할 경우에는 내담자와 합의 한 후 그의 정체가 전혀 노출되지 않도록 해야 한다.

넷째, 내담자의 복지이다.

- 상담자는 상담활동 과정에서 소속기관 및 비전문인과의 갈등이 있을 경우, 내담자의 복지를 우선적으로 고려하고 자신의 전문적 집단의 이익은 부차적인 것으로 간주한다.
- 상담자는 내담자가 자기로부터 도움을 받지 못하고 있음이 분명할 경우에는 상담을 종결하려고 노력한다.
- 상담은 상담의 목적에 위배되지 않는 경우에 한하여, 검사를 실시하거나 내담자 이외의 관련 인물을 면접한다.

다섯째, 상담의 관계이다.

- 상담자는 상담 전에 상담의 절차 및 있을 수 있는 주요 국면에 관하여 내담자에게 설명한다.
- 상담자는 자신의 주관적 판단에만 의존하지 않고, 내담자와의 협의하에 상담관계의 형태, 방법 및 목적을 설정하고 결과를 토의한다.
- 상담자는 내담자가 이해수용할 수 있는 한도에서 상담의 기법을 활용한다.

여섯째, 타 전문직과의 관계이다.

- 상담자는 상호 협의한 경우를 제외하고는 타 전문인으로부터 도움을 받고 있는 내담자에게 상담을 하지 않는다. 공동으로 도움을 줄 경우에는 타 전문인과의 관계와 조건에 관하여 분명히 할 필요가 있다.
- 상담자는 자기가 아는 비전문인의 윤리적 행동에 관한 중대한 의문을 발견했을 경우 그러한 상황을 시정하는 노력을 할 책임이 있다.
- 상담자는 자신의 전문적 자격이 타 전문분야에서 오용되는 것을 피하며, 자신의 이익을 위해 타 전문직을 손상시키는 언어 및 행동을 삼간다.

출처: 한국카운슬러협회 윤리강령(http://www.hanka.or.kr/sub_01_06.php).

4) 상담 시 주의할 점

부모상담 시 주의해야 할 점은 다음과 같다.

(1) 부모에 대해 평가 · 비판하는 태도

교사가 상담 시 부모의 양육 방법이나 교육을 지적하거나 평가하는 태도는 바람직하지 않다. 교사는 부모를 평가하거나 비판하지 않는 자세로 말의 의미와 맥락을 파악해야 한다. 자녀에 대해 누구보다도 잘 알고 있는 사람은 부모이기 때문에 교사가 가르치듯이 평가하는 말투로 이야기하다 보면 부모의 반감을 살 수 있다.

부모의 양육 방법에 대해 잘못이라고 지적하는 말은 교사와 부모의 관계를 긴장시키고 단절시킬 수 있다. 교사는 부모와의 협력적 관계 유지를 위해서 자신의 지나친 소신에 따른 평가와 비판하는 자세를 지양하고 부모와 서로 협력하고 해결하는 방향으로 방안을 제시하는 것이 필요하다.

(2) 부모에 대해 편견을 갖는 태도

부모에 관한 사전 정보를 듣고 편견을 가지는 태도는 부모를 공감적으로 이해하고 경청하는 것에 방해가 될 수 있다. 이러한 편견은 부모에 대한 자신의 주관적 이미지로 부모의 말을 경청하지 않고 섣부르게 판단을 내리게 할 수 있다. 따라서 부모에 관한 사전 지식이나 이전 담임교사에게 들은 평가에 의지한 편견을 버리고 부모의 현재 있는 모습을 그대로 수용하면서 경청하는 자세가 필요하다.

(3) 지나친 감정이입 태도

부모의 감정과 말에 대해 공감하고 이해하는 것은 중요하다. 그러나 부모의 감정에 대해 지나친 감정이입으로 자신에 주관적인 감정을 표현하는 것은 바람직하지 않다.

교사가 자신의 감정을 과도하게 이입하는 것은 서로의 감정에 대한 분별을 흐리게 한다. 교사는 부모의 이야기에 공감하면서도 적절하게 반응하는 것이 필요하다.

(4) 중간에 말을 끊는 태도

부모와의 상담 시 부모가 적절한 말이 떠오르지 않거나 대화를 잘 이끌어가지 못하는 경우, 부모의 말을 끝까지 듣지 않고 중간에 끊어버리는 태도는 바람직하지 않다.

부모와 대화 도중 갑자기 침묵이 흐를 때도 대화를 급하게 마무리 지으려고 하면 안 된다. 이런 경우 교사가 편안하게 이야기할 수 있는 분위기의 말과 표정을 통해 부모를 안심시키는 것이 바람직하다.

2 부모상담의 의사소통 기술

1) 의사소통 방법

(1) 긍정적인 태도

평상시 부모와 좋은 관계를 유지하는 것은 서로 편안한 대화를 나눌 수 있는 토대가 된다. 교사의 시선이나 입 모양도 부모와의 심리적인 관계에 영향을 준다. 부모에게 밝은 미소를 보이거나 모든 것을 수용할 수 있는 태도로 이야기하는 것은 부모의 마음을 열게 한다.

반대로 시선을 회피하거나 입술을 앙다무는 것과 같은 태도는 부모에게 불쾌감을 느끼게 한다. 교사가 팔짱을 끼고 듣거나 시선을 이리저리 돌리는 것은 부모의 기분을 거슬리게 한다. 또한 부모의 이야기에 무표정하거나 관심 없는 듯 아무런 반응을 보이지 않는 것도 적절하지 않은 태도이다.

교사의 긍정적인 태도란 부모를 따뜻하고 소중하게 대하면서 행동과 표정을 통해 인간적인 관심을 나타내는 것이다.

(2) 적극적인 경청

부모의 말을 적극적으로 경청하는 것은 언어적, 비언어적 메시지 모두 포함된다. 비언어적인 메시지는 언어적인 메시지보다 때로는 더 강력한 전달을 줄 수 있으며 감정을 판단하는 단서가 될 수 있다. 따라서 교사는 부모의 표정이나 몸의 움직임, 시선 등을 관찰하며 고개를 끄덕이거나 "그렇군요"와 같은 반응을 하는 것이 좋다.

교사의 적절한 톤과 말투, 정확한 단어, 집중하는 태도 사용은 부모에게 신뢰감을 줄 수 있다. 교사는 부모와의 대화 시 적극적인 경청의 태도를 통해 부모와의 라포를 형성할 수 있다. 따라서 부모에게 마음을 주목하여 듣고 있음을 알리기 위한 적절한 표정이나 말을 표현하는 것이 좋다. 예를 들어 부모가 교사와 상담 가운데 자녀에 대해 "얘가 어릴 때 늘 아파서 항상 걱정되고 신경을 많이 쓰고 있어요."라고 이야기한다면 교사는 부모의 이야기를 적극적으로 경청하고 있음을 "많이 힘드셨겠네요."라는 말과 함께 고개를 끄덕이는 행동으로 표현할 수 있다.

TIP 경청의 종류

✲ 적극적 경청

상대방이 더 많은 정보를 이야기할 수 있도록 반응을 보이며 듣는 것

예: 고개를 끄덕이기, 미소를 짓거나 함께 웃기, "그러셨군요!", "그래서 어떻게 하셨어요?"

✲ 공감적 경청

상대방이 이야기한 내용을 상대방의 입장에서 이해 및 공감하고 있음을 보여주며 듣는 것

예: "얼마나 놀라셨나요?", "많이 기쁘셨겠네요!"

✲ 반사적 경청

상대방의 이야기에 대해 평가나 편견을 가하지 않고 있는 그대로 받아들이며 간단히 요약, 정리해서 다시 들려줌으로써 상대방의 이야기를 잘 듣고 있음을 전하며 듣는 것

예: "그러니까 지금 하신 말씀은 ○○이가 요즘 고집이 아주 세졌다는 말씀이지요?"

✲ 맥락적 경청

상대방의 말 자체뿐 아니라 말하는 사람이 그 말을 어떤 맥락에서 꺼냈는지, 왜 그 말을 하게 됐는지, 그 말의 배경과 심정까지 헤아리면서 듣는 것으로 말하지 않은 것까지 듣는 것

예: 학부모가 직접 이야기하지는 못하지만 상담을 원하는 진짜 목적이 무엇인지를 파악하며 듣는 것

✲ 선택적 경청

상대방의 말 속에서 상대가 필요로 하는 것, 원하는 것, 가지고 있는 문지에 대해 특별히 집중하며 듣는 것

예: "조금 전에 아주 중요한 말씀을 해주셨네요~"

출처: 전선옥(2021). 영유아교육기관 학부모상담. p.120~121.

(3) 공감적 이해

공감적 이해란 내담자의 내면을 이해하기 위해 상담자가 상대방의 감정을 거의 같은 수준으로 이해하는 것을 의미한다. 부모는 자신이 이해받고 있다는 느낌을 받게 되면 자신에 내면을 더 깊이 드러내 보이고 교사와의 관계도 더 부드러워질 수 있다. 따라서 교사는 부모와의 상담 시 부모가 전하고자 하는 의미를 있는 그대로 수용하면서 공감적으로 이해하는 것에 초점을 맞춰야 한다.

아이에 관해 부모와 교사의 의견이 다를 경우, 우선 부모의 감정에 공감하면서 서로의 시각이나 상황이 다를 수 있음을 이야기한다. 부모는 가정에서 자녀의 행동을 보고, 교사는 다른 아이들과 함께 있는 상황에서 관찰하기 때문에, 영유아의 행동에 대해 다른 의견을 가질 수 있음을 이해하여야 한다.

공감적으로 이해한다는 것은 상대방을 설득해서 의견을 따르도록 하는 것이 아니라 상대방의 있는 그대로를 존중하는 것이다. 일반적으로 타인과 의사소통할 때 가장 많이 사용하는 방법이 설득이지만 효용성은 생각보다 크지 않다.

오히려 상대방을 있는 그대로 수용하는 것을 통해 본인 스스로 자신에 대해 객관적으로 보게 하는 것이 더 효과적이다. 영유아의 문제행동에 대해서도 부모를 설득하고 충고하기보다는 부모의 유형에 따라 존중하는 태도와 공감적 이해를 통해 스스로 생각할 수 있는 기회를 제공하는 것이 더 바람직하다. 예

를 들어 부모가 자녀양육에 대한 스트레스로 인해 교사와 상담 시 이러한 자신의 상태를 토로하는 경우, 교사는 "시간적 여유도 없으셨을 텐데 얼마나 힘드셨어요."라고 공감하며 이해하고 있음을 적극적으로 표현해 준다.

(4) 수용적 존중

수용적 존중의 태도란 인간으로서의 존중과 관심을 가지면서 비 판단적이고 따뜻한 태도로 그의 생각과 감정을 그대로 수용하는 것을 말한다(오경숙 외, 2022).

상대방의 의견이나 행동을 무조건 동의하는 것이 아니라 한 사람의 인격체로써 존중하는 것을 의미한다. 한 사람을 하나의 인격체로 받아들이고 존중할 때 비로써 그는 스스로 가면을 벗고 진정한 자아를 탐색하게 된다.

부모의 열등감, 좌절, 원망 등의 감정과 사고를 판단 없이 경청하고 존중하는 것이 수용적 존중에 태도이다. 교사가 부모의 있는 모습 그대로를 수용적으로 존중할 때 부모도 자신을 수용하게 된다. 상대방을 존중한다는 것은 그가 가지고 있는 잠재력을 인정해주고 스스로 하려는 노력을 격려해주는 것이다.

교사가 상담 시 부모를 수용하는 목적은 서로의 관계를 부드럽게 하는 것은 물론이고 부모가 자신의 존재에 대해 수용적 태도를 가지게 한다. 부모가 스스로에 대해 수용적 태도가 되면 자신의 현재 상태에 대해서도 존중하고 인정함으로써 방어적이거나 부정적인 심리상태에서 벗어날 수 있다. 교사는 영유아를 바르게 지도할 수 있는 방안을 부모와 함께 의논하려는 태도를 지녀야 한다.

다음은 교사의 부모에 대한 수용적 존중 태도에 관한 부정적, 긍정적인 예시이다.

부모: 전 선생님의 반에 대한 운영과 지도방식이 이해되질 않아요.

바람직한 예) "반에 대한 운영과 지도방식에 대해 잘 알고 싶은데 이해가 되지 않아 답답하셨나 봐요. 제가 좀 더 잘 설명해 드렸어야 하는데… 어떤 부분을 알고 싶으세요? 제가 자세히 설명해 드릴게요."

바람직하지 않은 예) "어머님 지난번 학부모 참여 수업 시간에 제가 말씀드렸는데요. 못 들으셨나 봐요. 뭐가 궁금하세요?"

(5) 명료화

명료화는 상대방과의 대화 내용을 분명히 하고, 상대방이 표현한 바를 정확히 지각하였는지를 확인하는 대화기술이다. 대화하다 보면 애매모호한 어휘, 다중의미를 가진 어구, 논리의 비약 등으로 혼란스러워질 수 있는데 이때 명료화가 필요하다(홍길회 외, 2016).

교사는 부모와의 상담 시 부모의 대화 내용을 정확하게 이해하기 위해서 부모가 표현한 바를 요약해 의미가 맞는지 다시 물어볼 수 있다. 만일 부모의 표현이 애매모호한 어휘나 논리의 비약으로 이해가 되지 않을 때는 구체적 예를 들어 설명하도록 부모에게 요청할 수 있다. 교사는 부모와의 대화 시 이야기의 의미가 무엇인지를 정확하게 이해하는 것이 필요하며 선부른 가정이나 결론으로 결말을 짓지 않도록 해야 한다.

부모와 상담 시 효과적 의사소통을 하기 위해서 교사는 부모를 따뜻하고 소중하게 대하면서 행동과 표정을 통해 인간적인 관심을 나타내는 긍정적인 태도를 가져야 한다. 또한 부모가 하는 말을 주의 깊게 경청하면서 공감적 이해를 하고 수용적 존중을 하면서 표현한 바를 정확히 이해했는지 확인하는 명료화 작업이 필요하다.

부모가 자신에 내면을 좀 더 탐색하고 문제를 더 이해하기 위한 교사의 도와주는 질문은 효과적인 의사소통에 있어 바람직한 방법이다. 부모상담의 효과적 질문을 위해 고려할 점은 다음과 같다.

① 개방적 질문을 통해 부모의 관점이나 의견, 감정을 끌어낼 수 있다.

예 "어머님 살이 좀 빠지신 것 같은데 요즘에 무슨 일이 있으세요?"

② 직접적 질문하기보다 간접적으로 질문을 하면 불편감을 덜어 줄 수 있다.

예 "아버님은 선행학습을 우선순위로 생각하는 어머님의 교육방침에 대해 어떤 생각을 하시는지 궁금합니다."

③ 이중 질문을 함으로써 부모에게 혼란을 주지 않는다.

예 "ㅇㅇ가 누나랑 자주 다툼을 하고 다툴 때 어머님은 야단을 치시나요?"(형제관계와 양육 태도에 대한 이중 질문)

④ 구체적인 내용의 질문을 한다.

예 "ㅇㅇ가 처음 만나는 사람하고 있을 때 말이 없는 편인가요?"

⑤ 부모의 회피나 방어의 자세를 가져올 수 있는 '왜'라는 질문은 피한다.

예 "부모님은 ㅇㅇ가 하는 행동을 왜 문제라고 보시나요?"

2) 가족 유형에 따른 소통 방법

부모의 특징이 어떠하냐에 따라 자녀의 양육방식이 다 다를 수 있다. 또한 가족 형태의 유형에 따라 가족 환경이 특별할 수 있는데 교사는 이러한 상황을 미리 파악하여 대응해야 한다. 부모가 기관이나 교사에 대한 불신이 높은 경우 교사는 객관적인 자료를 토대로 전문가 입장으로 접근하는 것이 좋다.

다문화, 조손, 재혼, 한부모 등과 같이 가정 유형이 다른 경우, 같은 상황이라도 다르게 인식할 수 있으므로 이에 따른 점을 파악해야 한다.

(1) 맞벌이

맞벌이 가족의 부모는 자녀와 충분한 시간을 보내지 못함으로 인해 죄책감을 가지기 쉽다. 따라서 맞벌이 부모와 소통할 때는 이러한 심리를 이해하고 바쁜 와중에도 자녀와 상호작용하려는 긍정적인 측면을 부각하며 지지한다. 또한 자녀의 원에서의 생활을 자세하게 설명함으로써 안심을 시키고 가정에서도 자녀와 질 높은 상호작용을 할 수 있도록 효과적인 상호작용방법을 제시한다.

자녀 양육에 대해 죄책감을 가지는 낮은 자기 개념은 본인뿐만 아니라 자녀에게도 정서적으로 불안감을 줄 수 있음을 인식하게 함으로써 자녀에 대한 시선의 전환을 시키는 것이 필요하다.

> **의사소통 예시:** "직장을 다니시는데도 불구하고 ○○이의 올바른 양육을 위해 애쓰시는 모습에 감탄하고 있습니다. 부모님의 이러한 노력이 자녀의 성장과 발달에 도움이 될 거예요."

(2) 한부모가족

한부모가족은 한쪽 부모가 없어도 자녀를 잘 키워야 한다는 심리적인 압박감과 양쪽 부모의 역할을 감당해야 하는 역할 과중에 대한 스트레스를 경험한다. 또한 배우자와의 결별로 인한 분노감, 우울감, 상실감 등은 자녀양육에 있어서도 자신의 감정을 조절하고 통제하기가 어려운 부분이 있다. 따라서 교사는 이러한 부모의 심리를 이해하고 격려하며 지지하는 태도로 소통해야 한다.

한부모 중 아버지만 있는 경우 자녀 양육에 대한 경험이 부족해 자녀의 욕구와 발달을 충족하는 것에 대한 어려움을 가질 수 있다. 이러한 부분에 대한 설명과 안내를 하는 것이 필요하다.

한부모가족은 부나 모의 정서적 혼란과 자녀에 대한 양가적 감정으로 인해 자녀에게 불안감을 줄 수 있다. 따라서 자녀와 긍정적인 태도로 일관되게 상호작용하는 것에 대한 중요성을 아는 것이 필요하다.

> **의사소통 예시:** "어머님께서 힘드신 가운데도 ○○이와 대화하려고 애쓰시는 태도는 ○○의 긍정적인 자아 형성과 자존감 발달에도 영향을 줄 수 있어요."

(3) 다문화가족

다문화가족의 자녀 양육에 있어 가장 어려운 점은 언어적인 어려움이다. 언어는 의사소통의 수단이자 모든 학습 능력의 기초가 된다. 자녀가 언어습득을 하는 데 있어서 가정은 중요한 역할을 하며 특히 주양육자인 어머니의 사용언어 및 의사소통은 자녀 언어발달에 직접적인 영향을 준다. 2021년 통계청 조사에 따르면 현재 다문화가족 관계에 있어, 부는 한국인이고 모는 외국인으로 이루어진 경우가 대부분이다. 결혼과 동시에 한국에 입국하는 외국인 어머니는 서투른 한국어 실력으로 인해 자녀와의 의사소통에 어려움을 느낄 수 있다. 따라서 자녀와 원활한 의사소통을 할 수 있도록 자녀 발달에 적합한 동화책이나 장난감에 대한 정보를 제시해 주는 것이 필요하다.

교사가 일반부모에게 하는 방식으로 소통을 하거나 상담을 하면 외국인 부모는 한국어 용어나 의미를 잘 파악하지 못해 어려움을 느낄 수 있다. 예를 들어 빠르게 말을 하거나 한국식 표기의 외래어나 감정을 나타내는 용어를 사용하면 외국인 부모는 이해하기가 어렵다.

다문화가족 부모님은 외모나 문화적인 차이와 사회적 편견, 차별로 인해 자녀가 따돌림을 당하지 않을까 하는 염려가 있다. 따라서 자녀가 기관에서 어떻게 지내는지에 대해 좀 더 구체적으로 설명해야 한다.

> 의사소통 예시: "○○이는 하루일과에 잘 적응하고 있고 또래 친구와도 잘 어울리면서 감정과 언어를 교류하고 함께 생활하는 모습을 보이고 있습니다."

(4) 재혼가족

재혼가족은 복잡하고 확장된 가족관계망을 갖는다. 재혼가족은 부부관계에서 시작하지 않고 계부모-친부모-자녀 관계로 시작한다. 교사는 이러한 가족관계망에 대한 이해가 있어야 한다. 계부모의 양육태도는 자녀 적응에 영향을 미치기 때문에 계부모와 자녀가 따듯하고 친밀한 관계를 유지하는 것이 무엇보다 중요하다.

재혼가족의 자녀는 친부모에 대한 죄책감과 계부모에 대한 충성심 사이에서 갈등하며 부모 모두를 잃을까 봐 두려워하기 때문에 부모는 일관성 있는 애정 표현과 긍정적인 태도로 대해야 한다. 교사는 계부모와 자녀가 친밀한 관계를 형성할 수 있도록 관계의 긍정적인 측면을 부각해서 제시하는 것이 필요하다.

> 의사소통 예시: "아버님이 ○○이를 데리러 오시는 날 이후부터 ○○이가 표정이 더 밝아지고 친구들과도 적극적으로 상호작용하는 모습을 보여요."

(5) 조손가족

조손가족의 경우 손자녀에 대한 염려와 애정이 많아 부모가 양육하는 것보다 더 의존적이며 편식을 하거나 사회성 발달이 부족하다. 조부모는 대부분 연령이 높고 질병을 가지고 있으며 경제적으로도 어렵기 때문에 손자녀를 양육하는 것에 있어 물리적, 심리적 부담이 클 수 있다. 또한 자신의 양육방식을 고집하며 기관이나 교사에게도 같은 방식으로 지도할 것을 요구하기도 한다.

교사는 조부모님의 이야기를 존중하고 끝까지 경청해야 한다. 조부모님이 요구하시는 상황이 적절하지 않아 반복적으로 말씀드려도 해결되지 않을 경우에는 원장에게 도움을 요청하는 것이 좋다.

조부모가 손자녀를 양육하는 것에 대한 어려움을 겪지 않도록 다양한 사회적 지원체계나 정보를 공유하고 안내를 하여 도움을 받을 수 있도록 지원하는 것이 필요하다.

의사소통 예시: "조부모님이 부모님처럼 손주를 지극정성으로 돌보고 계시니 자녀는 충분히 안정적인 발달을 이어가고 있습니다. 긍정 애착은 부모님과의 관계로만 형성되는 것이 아닌 주 양육자 간의 관계로 형성되는 것이기에 매우 다행입니다."

출처: 박근주 외(2020). 영유아 부모상담 전 이렇게 했어요. p.45.

3) 부모 유형에 따른 소통 방법

(1) 무관심한 부모

무관심형 부모는 자주 대화를 나눌 수 있는 기회를 만들어서 자녀에 관한 질문을 함으로 부모의 반응을 유도할 수 있다. 대화에 내용은 부모의 의견을 묻기보다는 자녀에 관한 일상적이고 긍정적인 측면을 전달함으로써 친밀감과 공감대를 형성해야 한다. 말이 없는 부모는 직접적으로 말하지 않고 문자나 메모를 통해 유도하는 것도 좋은 방법이다.

무관심한 부모는 반응이 없는 것 같아도 나중에는 불만을 제시할 수 있다. 그러므로 부모가 무뚝뚝하다고 해서 교사도 무관심해서는 안 된다. 부모가 반응이 없어도 아이들을 매개로 부모에 의사를 자주 살펴보아야 한다(오경숙 외, 2022).

(2) 부정적 부모

부정적인 부모에게 교사는 방어적이거나 감정적으로 대응해서는 안 된다. 어떠한 경우라도 부모와 언쟁을 해서는 안 되며 부모가 받아들일 준비가 되어 있을 때 권면하는 것이 좋다. 부모가 진정되면 차분하고 위축되지 않은 말과 태도로 설명한다.

부모가 원하는 의미에 대한 오해가 발생하지 않도록 말의 내용을 다시 한번 확인한 후에 문제해결을 위한 대안을 함께 찾도록 제시한다. 부모의 요구사항이 기관 운영에 있어 현실적으로 불가능한 경우에는 가능하지 않은 이유를 객관적으로 설명한 후 나머지 부분에 있어 원장과 다른 교사들과 상의한 후에 알려드리겠다고 긍정적인 어휘로 답변한다.

(3) 불안한 부모

불안형 부모는 작은 일도 크게 생각하는 경향이 있으므로 일단 안심을 시키는 것이 필요하다. 자녀의 문제에 대해서도 불안해하고 부정적으로 생각하는 경향이 있으므로 가능하면 정확하고 객관적인 정보를 근거로 이야기하는 것이 좋다. 또한 전문성을 보여주면서 주도면밀하게 대처하는 모습을 통해 신뢰감을 주어야 한다.

부모의 불안 요인을 해결하기 위해서는 교사에 대한 신뢰감을 형성할 수 있도록 친밀하고 협력적인 관계를 유지하는 것이 필요하다.

(4) 방어적 부모

방어형 부모에게는 부모의 의견과 다른 의견을 가진 이야기를 나누기보다는 서로 공감할 수 있는 내용의 이야기를 먼저 나누는 것이 바람직하다. 부모가 공감할 수 있는 자녀의 장점이나 가정에서의 생활, 자녀의 상태를 구체적인 자료를 가지고 공유해야 한다.

부모가 자녀에 대해 가지고 있는 양육 태도나 관심에 대해서는 지지하면서도 인정하기 싫어하는 문제에 대해서는 공감하면서 협력자의 자세로 상담한다. 자녀의 행동에 대해 기관에서 어떻게 지도하면 좋을지 부모에게 의견을 구하며 함께 계획을 세운다. 가정에서의 지도는 부모의 도움을 부탁하는 태도로 이야기한다.

(5) 불만형 부모

불만형 부모는 불만을 해결하기 위한 주의 깊은 경청과 공감이 우선되어야 한다. 부모가 격한 감정을 표현하는 경우 말을 막지 말고 우선 이해하려는 의지를 보여야 한다. 부모의 말을 주의 깊게 들으면서 어떤 부분이 불편했는지 질문하고 불만의 구체적인 내용을 기록하면서 신뢰감을 표현한다.

교사는 자신이 이해한 부분에 대한 반영적 경청을 하면서 부모의 불만을 이해했음을 나타낼 수 있다. 불만에 대한 해결방안을 제시하며 동의를 구하되 기관에 미칠 영향을 염두에 두어야 한다. 부모의 요구를 받아들이기 어려운 경우에는 기관의 입장을 충분히 설명하고 부모의 요구를 들어주지 못하는 애로사항에 관한 간곡한 표현을 한다.

불만형 부모들은 자신의 이야기를 잘 들어주면 스스로 가라앉기도 한다. 따라서 부모의 이야기를 끝까지 듣고 가정의 도움과 협조를 요청하는 방향으로 접근하는 것이 좋다.

(6) 정보가 많은 부모

경험과 정보가 많은 부모는 먼저 부모가 알고 있는 지식이나 정보를 경청한다. 부모의 말이 길어져도 끊지 말고 자녀에 대한 열의나 양육에 대한 의지를 존중하면서 자녀에게 나타난 점과 부모의 정보 등이 가지고 있는 긍정적인 측면을 부각시킨다(강정원 외, 2018).

부모의 말에 방어적으로 대응하거나 다 알고 있다는 식의 태도를 취하지 않아야 하며 부모가 쏟아낸 정보를 활용하면서 공감대를 형성한다. 부모의 지식과 정보 등의 긍정적인 면을 부각하면서 모든 대화 가운데 전문적인 용어를 적절하게 사용하는 것이 필요하다.

TIP 학부모를 대하는 품격있는 태도

사람들은 다른 사람에 대해 '그 사람이 어떤 사람인지', '어떻게 대해야 하는 사람인지'와 같은 판단을 할 때 말보다는 비언어적인 정보로부터 더 많은 것을 얻는다. 표정, 몸짓, 손짓, 걸음걸이, 말투, 눈빛과 같이 무의식적으로 보이는 것들이 단서가 된다. 더 섬세하게는 입꼬리의 움직임이나 시선의 흔들림도 두 사람 간의 심리적 파워게임에 영향을 미친다.

시선을 피하면 자신을 좋아하지 않는다고 생각한다. 입꼬리를 앙다물거나 내려뜨리면 불쾌해한다고 느낀다.

다정하고 신뢰로운 말과 그에 어울리는 몸의 움직임을 함께 사용하는 것이 높은 수준의 대인관계 기술이다. 부모가 교사보다 나이가 많거나 사회적 지위가 높다 하더라도 품격 있는 말과 표정과 태도로 당당하게 마주해야 한다.

안정된 시선, 적절한 톤과 속도의 말투, 정확한 문장구조, 들어줄 때의 집중력 있는 표정, 호응하는 태도와 같은 것이 품격있어 보이게 한다. 적절한 심리적 거리와 품격있는 태도가 당신의 권위를 지켜준다. 그러다 보면 참으로 좋은 인품을 지닌 학부모들과 신의 있는 관계를 맺게 된다.

당신을 조금 불편하게 했던 학부모라 할지라도 훗날 결국은 당신을 참 인품 좋은 사람으로 기억하게 된다.

출처: 최명희(2016). 교사다움. p.35~36.

Chapter 04

부모상담의 활용

1 부모상담의 유형

1) 개별상담

개별상담은 교사와 부모가 일대일로 만나서 자녀에 대한 서로의 의견을 나누는 활동이다. 부모는 개별상담을 통해 유아교육기관의 교육목적이나 운영방안, 프로그램에 대한 정보, 영유아의 발달과 적응에 대한 정보를 얻을 수 있다. 교사는 부모와의 개별상담을 통해 영유아의 가정환경이나 양육태도, 가정과 연계한 효과적인 영유아 지도 협력방안을 모색할 수 있다.

부모상담을 진행하기 위해서는 학기 초부터 체계적으로 미리 계획하고 준비하는 것이 필요하다. 즉, 상담을 위한 자료 준비와 사전 지식, 상담 진행 절차, 상담 후 상담 평가하기, 상담일지 작성 및 상담 결과 활용 등이다.

영유아교육기관에서는 대부분 2회 정도 개별상담을 실시하며 상담 시기에 따라 상담내용이나 시간의 차이가 발생할 수 있다. 학기 초에는 주로 부모의 질문에 관한 대답을 해주고 부모 이야기를 듣는 것이 바람직하다.

학기 중 학기 말 개별상담에서는 그동안 영유아가 활동한 자료를 보여주며 영유아가 학기 초에 비해 어떻게 달라졌는지, 배운 것을 어떻게 적용하는지에 관한 이야기를 한다. 그 밖에 부모가 궁금해하는 모든 사항은 개별상담의 내용이 될 수 있다. 개별상담에 관한 구체적인 내용은 아래 표와 같다.

표 4-1 영유아교육기관의 정기적 부모 상담

구분	1학기	2학기
목적	• **교사**: 초기 적응 안내 및 부모의 정보제공으로 영유아에 대한 이해를 높이고 부모 요구에 대한 파악 가능 • **부모**: 자녀의 어린이집 생활의 적응여부 및 기관에 대한 정보획득	• 영유아의 발달 변화에 대해 안내 • 어린이집과 가정 간의 협조 사항 점검
시기	• 4~5월 초	• 10월~11월
상담 시간	• 20분~30분	
방법	• 상담안내문을 가정으로 배부 • 상담이 가능한 요일과 시간을 정하고 진행	
효과	• **성공적인 면담**: 기관과 교사에 대한 부모의 신뢰증대 • 부모와 상담이 잘 이루어지지 않을 경우 기관에 대한 부정적인 시각과 의심 증대	• 영유아의 지도 방향에 대한 점검 및 수정할 기회마련 • 부모에게 자녀 발달과정을 객관적으로 인식시킬 기회 제공
준비	• 입학원서, 부모상담조사서, 재원 영유아의 생활기록부, 질문목록 등	• 영유아의 관찰기록, 발달체크리스트, 활동작품(미술, 언어 등) 포트폴리오 등
유의 사항	• 상담 초 자녀의 장점에 관한 이야기를 먼저 하여 부모에게 심리적 안정감을 제공 • 그동안 관찰한 영유아의 적응 상태 및 또래 관계 등에 대한 안내 • 학기 초 상담에서는 부모로부터 영유아에 대한 정보를 최대한 얻도록 노력 • 담임교사의 전문성을 확인하려는 부모에 대비해 전문가로서의 철저한 준비 필요 • 부모의 의견에 경청하려는 마음가짐 ★	• 해당 영유아의 긍정적인 면(발달의 변화 등)을 먼저 안내하고 상반기 이후의 변화된 사항 안내 • 영유아의 장점 혹은 강점을 확인할 수 있는 자료를 함께 제시하여 부모의 신뢰감 증진 • 문제점은 장점을 이야기한 후 준비자료를 가지고 함께 대화를 나눔 • 교사의 전문적 역량을 인식시킴.
평가	• 교사 자율 평가나 교직원 회의를 통해 부모상담 평가간담회 실시	

(1) 입학 후 첫 개별상담

입학 후 학기 초 개별상담에서는 영유아가 유아교육기관에서 어떻게 생활하며 적응하고 있는지 대한 대화를 하게 된다. 이때 교사는 긍정적이고 온화한 태도로 영유아교육기관의 교육과정이나 지도 방법, 프로그램의 내용을 전달한다. 그리고 가정에서의 영유아 일상이나 경험에 관한 질문을 통해 영유아에 대한 정보를 얻는다. 교사는 부모의 자녀에 대한 기대, 영유아교육기관에 바라는 것에 관한 질문을 하면서 부모가 궁금해하는 영유아 교육 방법에 대한 설명을 할 수 있다. 1학기에 시행되는 개인면담은 교사와 부모가 영유아에 대한 정보를 서로 공유하여 지도방안을 모색한다.

표 4-2 학기 초 개별상담의 예시

담 임	원 장

부 모 면 담 일 지 (상반기)

<table>
<tr><td>영유아명</td><td>○○○</td><td>생년월일</td><td>○○.○○.○○</td></tr>
<tr><td rowspan="2">영유아와 내담자의 관계</td><td rowspan="2">모</td><td>면 담 자</td><td>담임교사(○○○)</td></tr>
<tr><td>면 담 일</td><td>20○○년 ○○월 ○○일(○)
오후 16시 30분</td></tr>
<tr><td rowspan="4">어린이집 생 활</td><td rowspan="2">놀이 및 발달</td><td colspan="2">관심 있어 하는 놀이를 계획하고 주도하기도 함. 친구들의 놀이에 자연스럽게 참여하여 잘 어울림. 5세 때에는 그래도 편지를 쓰면서 글을 써보려고 하는 모습을 보였으나, 최근에는 스스로 흥미를 가지고 탐색하는 모습이 잘 나타나지 않고 교사와 함께 하는 활동 시 써보려고 노력하는 모습을 보임.</td></tr>
<tr><td colspan="2">Q. 하원 후 주로 어떠한 놀이를 하나요?
–아빠가 늦게 오다 보니 주로 엄마나 할머니와 시간을 보내야 하는데, 둘째를 가져서 TV를 자주 보여주게 돼요. 또, 아빠가 퇴근하고 돌아올 때까지 기다리다 보니 드라마를 보기도 하고, 12시에 자기도 하네요.

Q. 주말에는 보통 아버님께서 자주 시간을 보내주신다고 하셨는데, 최근에도 그러한가요?
–요즘 주말에도 일을 할 때가 있어서 ○○에게 많은 시간을 내서 놀아주지 못하네요. 일요일 하루 정도만 시간 내어서 놀아주려고 노력해요.</td></tr>
<tr><td rowspan="2">타인과의 상호작용 (교사, 또래, 가족 등)</td><td colspan="2">친구들에게 자신의 의사를 잘 표현하며 친구의 이야기를 듣고 자신의 생각을 이야기해주기도 함. 그러나 ○○가 속상했거나 말하고 싶지 않은 상황에서는 친구의 말을 가끔 못 들은 척하기도 함. 교사에게 다양한 이야기 들려주는 것을 좋아하고 교사의 질문에 적절하게 대답할 수 있음. 과거의 경험에 대해 잘 기억하고 정확하게 전달함.</td></tr>
<tr><td colspan="2">Q. 어린이집 생활에 대해 ○○와 대화를 자주 나누시나요?
–○○가 먼저 이야기를 하지는 않고, 물어보면 대답을 잘 하는 편이고, 놀이를 길게 충분히 하고 나면 신이 나서 스스로 말하기도 해요.</td></tr>
</table>

<table>
<tr><td rowspan="2"></td><td rowspan="2">기본생활
습관</td><td>어른들에게 인사를 잘함. 식사 시간에는 스스로 충분하게 먹고 싶은 만큼 먹으며, 편식을 하지 않으려고 노력하는 편임. 낮잠 시간은 규칙적으로 잘 자는 편이며 기분 좋게 일어남.</td></tr>
<tr><td>Q. 하원 후에 주로 식사습관은 어떠한가요? 식단은 어떠한 편인가요?
−○○와 같이 식사를 하기는 하는데, ○○는 TV 앞에서 영상을 보며 먹고, 저는 식탁에서 먹는 편이에요.</td></tr>
<tr><td>부모의견</td><td colspan="2">〈부모 질문〉
Q. 신체적으로 커지고 성장하면서 점차 좋은 말로 달랠 땐 듣지 않고 엄하게 말해야만 들어요.
A. 아마도 아는 것이 많아지고 자신의 주장이 뚜렷해 지면서 자신의 잘못이나 생각에 대해 인정하고 싶지 않은 마음이 생길 수 있어요. ○○가 이해하지 못하는 상황이 아닌 들어줘야 하는 상황에 대해서는 처음부터 단호하게 이야기를 해주면 어떨까요?

Q. 스스로 씻기가 잘되지 않아요.
A. ○○가 스스로 해야 하는 것에 대해 귀찮아하기도 해요. 스스로 손을 씻고, 놀이 후 정리를 하고 엄마를 도와주는 일 등 한 것에 대해 구체적으로 칭찬하고 격려해 주면 어떨까요? 유아는 자신감과 성취감을 얻어 동기부여가 되기도 합니다.

Q. 스스로 등원준비 했으면 좋겠는데 시간에 쫓겨 잘되지 않아요.
A. 전날 ○○와 함께 내일 입을 옷을 정해두고 아침에 일어나 스스로 하도록 순서를 정해보면 어떠세요? 또한 ○○가 스스로 했을 때 칭찬과 보상을 해주시면 더 좋을 것 같아요.

Q. ○○가 방과후 시간에 잘 참여 하나요?
A. 활동에 적극적으로 참여하고 질문을 하기도 해요. ○○가 어떠하다고 했을까요?

Q. 어떻게 참여하는지 궁금한데 전혀 이야기를 하지 않네요. ○○가 즐겁게 참여하는 것인지 궁금하기도 해서요.
A. ○○는 다른 친구들과 함께 즐겁게 참여하는 편이에요. 가정으로 보내드린 자료를 활용하지 못한다고 해서 부담 갖지 않으셔도 돼요. 원내에서 하는 미술놀이도 또래와 함께 참여하며 즐겁게 하고 있답니다.</td></tr>
<tr><td>건의사항</td><td colspan="2"></td></tr>
<tr><td>비 고</td><td colspan="2"></td></tr>
</table>

(2) 학기 중 또는 학기 말 개별상담

교사는 부모에게 자녀가 학기 초에 비해 사회적, 정신적, 신체적으로 얼마나 성장했는지, 행동이 어떻게 변화했는지에 대한 초점을 맞추어 이야기한다. 즉 영유아의 발달에 대한 전반적인 것과 자신감, 호기심을 보이는 상황, 인지발달, 대화의 수준, 또래 관계, 생활습관, 영유아교육기관에서 배운 것을 어떻게 적용하는지 등을 설명한다. 이외에도 부모가 궁금해하는 모든 사항은 개별상담을 할 수 있다.

2학기 부모 개인면담은 교사가 오랜 기간 영유아를 관찰하고 영유아와 상호작용한 이후에 이루어진다. 부모는 교사를 통해 부모가 모르고 있었던 영유아에 대한 정보를 들을 수 있고, 영유아가 기관에서 생활하는 모습도 알 수 있다.

표 4-3 학기 말 개별상담의 예시

담 임	원 장

부 모 면 담 일 지 (하반기)

<table>
<tr><td>영유아명</td><td colspan="2">○○○</td><td>생년월일</td><td>○○.○○.○○</td></tr>
<tr><td rowspan="2">영유아와 내담자의 관계</td><td colspan="2" rowspan="2">모</td><td>면 담 자</td><td>담임교사(○○○)</td></tr>
<tr><td>면 담 일</td><td>20○○년 ○○월 ○○일(○)
오후 16시 30분</td></tr>
<tr><td rowspan="4">발달사항</td><td rowspan="2">기본생활</td><td colspan="3">원내에서 놀이 후 정리를 할 때도 친구들과 타인이 하는 것에 대해 너무 당연하게 여기고, 스스로 하기 보다는 친구들의 말이나 교사의 말에 의해 정리하는 편임. 옷 입기는 스스로 잘하기는 하나, 최근 혼자 옷 입기를 어려워해서 천천히 알려주고 있음. 식사 시간에도 스스로 밥을 먹으며 편식이 심하지는 않으나, 먹고 싶거나 좋아하는 음식만 먹으려는 모습을 보이기도 함.</td></tr>
<tr><td colspan="3">Q. 등원 준비를 스스로 해 볼 수 있도록 하신다고 하셨는데, 잘 되고 있나요?
A. 아무래도 복직을 하게 되면서 마음이 급하다 보니 잘 이루어지지 않았는데, 스스로 할 수 있도록 제가 기다려주고 격려해 주고 있어요.

Q. 정리와 관련해서는 ○○가 스스로 할 수 있도록 해주고 계신지요?
A. 아직까지도 잘 되고 있지 않은 부분이 있어서 노력 중에 있어요.</td></tr>
<tr><td rowspan="2">신체운동</td><td colspan="3">신체를 움직여 놀이하는 활동에 적극적으로 참여하고, 도전적이고 즐거워함. 소근육과 관련된 활동도 어려움 없이 수행할 수 있으나 스스로 관심을 가지고 참여하려 하지 않아 교사의 제안으로 이루어짐.</td></tr>
<tr><td colspan="3">Q. 최근 유아축구를 다니면서 달라진 점이 있는가요?
A. 사실 일 때문에 꾸준히 다닌 것이 아니어서 크게 달라진 점은 없는 것 같아요.
Q. ○○가 축구를 하면서 신체활동에 있어서 달라진 것이 있는지 궁금해 여쭈었으며, ○○가 규칙적으로 꾸준히 할 수 있는 운동을 하면 신체발달에도 도움이 될 것 같아요.

Q. 하원 후 어떻게 지내며 주로 어떠한 활동을 하나요?
A. 씻고, 밥 먹고 영상을 보는 경우가 많은 것 같아요. 보지 않게 하려고 하는데, 항상 보던 것이 있어서 보여주다 보니 이제는 너무 자연스러워진 것 같아요.
Q. ○○가 하원하고 엄마와 아빠와 함께 놀이 등을 하면서 1:1로 상호작용하는 시간을 가지고, 그 이후 잠들기 전 몇 분 정도만 약속 시간을 정해 영상을 보는 방식으로 생활 습관을 형성하는 것이 좋을 것 같아요.</td></tr>
</table>

<table>
<tr><td rowspan="8"></td><td rowspan="2">사회관계</td><td>친구들을 좋아하며 함께 놀이하기를 즐겨하는 편임. 최근 친구들을 좋아하면서도 부정적인 표현을 사용하고, 강압적인 말투를 사용해 갈등상황이 자주 발생함. 교사에게 애정표현을 잘하고, 스킨십을 좋아해서 자주 안기는 편임.</td></tr>
<tr><td>Q. 가정에 돌아가서도 원에서의 생활에 대해 표현한 적이 있나요?
A. 질문하지 않으면 스스로 잘 표현하는 편은 아니에요.</td></tr>
<tr><td rowspan="2">의사소통</td><td>자신의 감정이나 의사에 대해 친구들과 교사에게 잘 표현하는 편임. 최근 친구들과의 분쟁상황이 자주 일어나면서 친구의 퉁명스러운 말투에 상처를 받고 친구들에게 “야! 넌 안 그러냐?” “너도 그러면서!” 등으로 표현하기도 함. 가끔, 휴식매트에 혼자 엎드려 있을 때가 있어 교사가 다가가 대화를 걸면 아무렇지 않게 대화를 하기는 하지만 속상했던 상황에 대해서는 잘 표현하지 않음.</td></tr>
<tr><td>Q. ㅇㅇ가 가정에서 자신의 요구나 의사에 대해 바르게 표현하고 있나요? 자신의 감정이나 의사에 대해 부모에게 말을 하지 않는 것 같다고 느끼신 적이 있으세요?
A. 자신이 원하는 것에 대해서는 그래도 잘 표현하는데, 가끔 떼를 부리거나 울면서 이야기를 해요. 저는 단호하게 ㅇㅇ가 울지 않고 이야기할 때까지 들어주지 않는 편인데, 아빠는 조금 더 허용적인 모습을 보여요.</td></tr>
<tr><td rowspan="2">자연탐구</td><td>자연변화에 대해 관심이 많고, 어떠한 흥미로운 관찰 거리가 생겼을 때 크게 관심을 보이기도 하지만, 오랜 시간 탐구하거나 관찰하는 걸 좋아하지 않음. 1~10까지 숫자와 수에 대해 알고 있으나 놀이 시 잘 이해하지 못하고 여러 번 물어보거나, 하지 못한다며 자신감이 없는 모습을 보이기도 함.</td></tr>
<tr><td>Q. 지난 면담 때 ㅇㅇ가 숫자 쓰기에 관심을 보인다고 하셨는데, 그때처럼 최근에도 관심을 보이며 하려고 하는 활동이 있는지요?
A. 요즘은 그때보다는 관심을 표현하지 않지만 스스로 해 보려고 해서 숫자 쓰기를 쉽게 시도할 수 있는 환경을 만들어주려 하고 있어요.</td></tr>
<tr><td rowspan="2">예술경험</td><td rowspan="2">흥미가 많은 편이어서 악기를 연주하고 노래 부르기를 즐겨 하는 편임. 또한 노래에 맞춰 몸을 움직이며 감정을 표현하는 편임. 새롭게 배우는 노래에 크게 흥미를 못 느끼고 집중하지 않기도 하지만, 친숙한 음악이나 자신이 흥미를 느끼는 노래에 있어서는 감정을 잘 표현함. 미술표현 활동에도 스스로 참여하기를 즐겨하는 영역이기도 하며 자신이 만들고자 하는 것에 대해 잘 표현함.</td></tr>
<tr></tr>
<tr><td colspan="2">총 평</td><td>ㅇㅇ는 대체적으로 친구들의 발달상황과 맞추어 잘 발달하고 있으나, 쓰기도구를 활하는 부분에 있어 스스로 하고자 하는 의지가 부족하고 집중력을 보이지 않음. 모든 활동에 있어 교사의 도움을 받으려는 태도를 보이기도 함. 감정표현을 잘해서 주변 사람이 웃게 하기도 하나, 상황에 맞지 않게 할 때가 있기도 함.</td></tr>
</table>

<table>
<tr><th colspan="2">부모와 교사 면담 내용</th></tr>
<tr><td>면담내용</td><td>▣ 부모 질문
Q. ㅇㅇ를 지도하는 데 있어 어떤 상황에 힘든 경우가 발생하는지 궁금해요.
A. 다양한 상황들이 있지만(관찰된 내용 안내), 최근에는 친구들과의 갈등상황, 놀이 시 또래놀이를 방해하는 등의 행동으로 인해 어려움을 겪기도 해요.

Q. ㅇㅇ가 이유식 할 때 왼손을 쓰는 것을 할머니께서 오른손으로 바꾸어 주셨는데, 최근 글자 또는 숫자를 쓸 때 왼쪽에서 오른쪽으로 시작한다든지 9를 P로 쓴다든지 하는데, 한글을 처음 배울 때 왼손으로 쓰게 해야 할까요?
A. 원내에서 ㅇㅇ이의 놀이모습에서는 왼손잡이인 것을 인지하지 못할 정도로 ㅇㅇ는 오른손으로 잘 쓰기도 해요. 아이들은 지금 알아가는 단계이므로 방향과 순서가 다를 수 있습니다. 점차 자연스럽게 알아갈 수 있도록 지지해 주시면 좋을 것 같아요.

▣ 교사 질문
Q. 팬티가 낀다고 자주 표현하면서 앞부분을 자주 만지기도 해서 말씀드리고 싶었는데, 가정에서는 어떤가요?
A. 큰 것을 구입해서 입힌다고 입혔는데도 작은 것 같아서 곧 구매할 예정이에요.
Q. 아버님께서는 인성과 매너, 어머님께서는 자율성(독립, 자발) 부분을 양육하시는데 제일 중요하게 생각하신다고 하셨는데, 혹시 가정 내 훈육방식이 다르신가요? 가정에서 고집을 부리는 경우가 있을까요?
A. 사실, ㅇㅇ가 다른 친구들에 비해 조금 힘들 것이라고는 생각이 들었는데, 선생님과 면담하면서 걱정했던 것보다 더 어려운 점이 있는 것 같아 고민이 되네요. 저는 단호한 편인데 남편은 "이때 아니면 언제 들어줄 수 있겠냐."하며 수용적이에요. 제가 출장을 갔을 때 ㅇㅇ가 아빠랑 둘이 있었거든요. 그런데 어느 날 ㅇㅇ가 "엄마 다시 출장 갔으면 좋겠다."라고 말을 하더군요. 아버지교육도 필요한 것 같아요. 아빠도 면담을 하면 좋겠어요.

※ 아버님과 추가로 면담 진행하겠다고 전달함. ㅇㅇ의 생활 모습을 영상으로 남겨 아버지와 상담하기로 함.</td></tr>
<tr><td>비 고</td><td>〈부모님 요청사항〉
숫자 쓰려고 시도할 경우 칭찬해 달라고 하심.</td></tr>
</table>

(3) 개별상담의 운영

개별상담의 운영을 위해서는 상담을 위한 자료 준비와 사전 조사, 상담 진행 절차, 상담 후 상담 평가하기, 상담일지 작성 및 상담 결과 활용과 같은 과정이 필요하다.

① 상담을 위한 자료 준비

개별상담을 위해 준비해야 하는 것에는 다음과 같다.

영유아에 대한 부모의 이해를 촉진하기 위한 방식으로 자료를 정리해서 제시한다. 현재 상태에 대한 강조보다는 발전된 과정을 중심으로 설명한다. 평소에 유아를 관찰하고 작은 것이라도 주기적으로 기록하고 정리해 둔다. 영유아의 성격, 또래관계, 행동, 발달 특징, 관련 사건 등에 대한 구체적인 자료가 좋다.

개별상담 전 교사는 영유아의 관찰 자료, 발달 기록, 부모님이 궁금해하는 질문 목록 등을 사전에 준비한다. 어느 정도 시간을 두고 기록한 관찰 자료나 발달 기록을 부모와의 상담 시 제시하면, 부모는 신뢰감과 교사가 자녀에 대한 애정을 가지고 지도하는 것을 알게 된다.

② 상담을 위한 사전 조사

상담 일정, 상담시간, 면담할 내용, 면담 시 부모가 준비해야 할 사항, 참석 여부 확인에 관한 가정통신문을 2~3주 전에 발송한다. 부모가 편안하게 상담을 할 수 있도록 적절한 시간을 부모가 선택할 수 있도록 해야 한다. 직장을 다니는 부모 같은 경우 퇴근 후의 시간을 계획할 수 있다. 자녀를 돌봐줄 사람이 없으면 영유아가 기관에 있는 시간을 활용하여 상담한다.

현재 영유아의 발달이나 관심사, 사회화 등이 어떠한지에 대한 지식과 전문성을 바탕으로 부모에게 구체적으로 이야기한다. 이를 통해 자녀에 대한 성장에 대한 협력과 소통을 가질 수 있다.

③ 상담 진행

영유아의 가정에서의 기본생활 습관과 부모가 상담하고 싶은 내용을 적을 수 있는 가정환경조사서나 설문지를 미리 배부하여 회수한 후 상담자료로 활용한다. 부모로부터 사전 조사서를 회수하여 기본정보에 관한 내용을 숙지하면 부모와 상담 시 친근하게 대화할 수 있고 상담 시간을 효율적으로 사용할 수 있다.

부모와 유대감을 가진 경우, 대화가 쉽게 되고 부모의 성격, 특징, 요구도 잘 파악하게 되어 대응하는 방법도 알게 된다. 즉 평소에 전화통화를 자주 하거나 등·하원 시에 부모와 간단하게라도 자주 이야기를 하는 것이 필요하다. 부모에게 아이에 대해서 자주 알려주는 것이 좋다.

부모의 이야기에 집중하고 경청하고 공감해주고 반영적 경청과 나-전달법을 사용한다. 교사가 일방적으로 너무 많은 이야기를 하지 않도록 주의한다. 훈육식으로 이야기하지 말고 부모의 의견을 충분히 듣고 대답한다. 부모의 반응을 살펴서 설명의 강도나 난이도를 조절한다.

교사 윤리에 어긋나는 대화는 피한다. 즉 특정한 유형의 가정에 대한 편견을 가지거나 다른 가정이나 다른 아이와 비교하거나 그들을 비평해서는 안 되며, 상담을 통해 알게 된 사적인 내용을 관련이 없는 사람에게 이야기해서는 안 된다. 교사 혼자서 상담하기 힘들 때는 경력교사나 원감, 원장에게 도움을 청한다.

문제행동을 보이는 경우, 영유아의 긍정적인 행동을 먼저 이야기하고 영유아의 문제점이나 부족한 부분을 이야기한다. 그리고 그 부분을 도와주기 위해 어떻게 지도했는지를 이야기하면 부모의 신뢰를 얻을 수 있다. 이때 가정에서도 같은 방법으로 지도해달라고 부탁한다.

표 4-4 부모상담 시 부모의 질문 예시

유형	부모 질문 내용
학기 초 적응관련	• 이전 기관에 잘 적응했는데, 적응기간 또 필요한가요? • 맞벌이 부부라서 학기 초 적응기간이 힘들어요. • 유치원에 가기 싫다고 하는데 어떻게 하지요? • 아침마다 아이와 헤어지는 게 너무 힘들어요. • 뭐하고 놀았는지 물어봐도 도무지 말이 없어요. • 낮잠 자기 싫어서 어린이집에 가기 싫대요. • 우리 아이, 일찍 오고 늦게 가도 되나요? • 우리 아이는 혼자서도 집에 올 수 있어요. • 혼합연령학급이라 형들에게 치일까 봐 걱정이에요.
유아교육기관 생활	• 밥 잘 먹나요? 집에 오면 항상 배고프다고 해요. • 낮잠 재우지 말아주세요 VS 낮잠 좀 재워주세요. • 유치원에서 친구 물건을 자주 가지고 오네요. • 친구들에게 좋지 않은 말을 배우는 것 같아요. • 감염성 질환에 걸렸지만 어린이집 보내면 안 될까요?
놀이 및 또래관계	• 매일 한 가지 놀이에만 관심을 보여요. • 늘 혼자 노는 것 같아 걱정이에요. 친구가 없을까요? • 특정 아이랑 놀지 않게 해주세요. • 친구에게 양보만 하고 자기 주장을 못 해서 속상해요.
가정생활 모습	• 말을 너무 안 들어요. 어떻게 훈육해야 할까요? • 자기 고집대로 옷을 입으려고 해요. • 동생을 미워하고 괴롭히는데 어떡하죠? • 없는 얘기를 자꾸 꾸며서 말해요. • 거짓말을 하는데 어떻게 고쳐주죠? • 성기를 자꾸 만지작거려요.
기질 및 성향	• 막무가내로 떼쓰는 아이, 어떻게 할까요? • 매사에 항상 느려서 정말 답답해요. • 항상 이겨야 하고, 지면 난리가 나요. • 뭐든지 우는 것으로 해결하려고 해요. • 우리 아이, 발달적으로 문제가 있나요?
학습관련	• 책 읽기를 너무 싫어해요. 어떡하죠? • 한글교육은 언제 시작해야 할까요? • 도무지 숫자에 관심이 없어요. • 매일 놀기만 하면 공부는 언제 하나요?
부모·교사	• 그 아이 부모는 누구인가요? 알려주세요. • 선생님 초임이시죠? 나이가 어떻게 되나요? • 선생님들끼리 의사소통이 안 되나요?

출처: 이순영(2019). 부모 돌발질문에 현명하게 응대하기. p.205~206 재구성.

2) 집단상담

(1) 집단상담의 개념

집단상담이란 태도와 행동을 변화시키기 위해 전문적으로 훈련된 한 사람과 집단 구성원의 역동적인 상호작용 과정을 통해 스스로의 문제와 태도, 생각들을 탐색, 조사하는 과정이다(이장호, 1991). 집단상담은 상호 간의 역동적인 관계를 통해 개개인의 성장과 발달을 촉진 시키는 과정이며 자신과 상대방에 대한 이해와 통찰을 통해 대인관계의 기능을 향상하게 한다.

집단상담은 비슷한 문제를 가진 개인이 소수의 집단을 구성해 동일한 주제를 가지고 각자의 의견을 대화 형식으로 진행해 나가는 것이다. 즉 개인이 집단 구성원들과 상호작용하면서 상호 간의 문제와 감정들을 이해하고 탐구해 나가는 역동적인 과정이다. 코레이(Corey, 1994)는 집단상담은 치료의 목적뿐 아니라 예방적이고 교육적인 목적도 가지며 문제해결 방법과 전략이 포함된다고 하였다(김용숙 외, 2021).

이장호 외(1992)는 집단상담의 정의를 생활과정상의 문제를 해결하고 바람직한 성장 · 발달을 위해 전문적인 상담사의 지도와 집단 구성원의 역동적인 상호교류를 통해 각자의 감정, 태도, 생각 및 행동 양식 등을 탐색 · 이해하고 보다 성숙된 수준으로 향상시키는 과정이라고 하였다.

이처럼 집단상담은 훈련된 전문상담사와 집단 구성원들 간에 역동적인 상호과정을 통해 스스로 문제를 인식하고 탐구하면서 성장 및 발달을 촉진하는 대인과정이라 할 수 있다.

집단상담은 개인상담과 달리 상호존중과 수용 분위기가 요구되며, 집단 구성원과도 동일시가 많이 이루어지기 때문에 위축되거나 방어하는 경향이 적어진다. 집단 부모 상담 시에도 부모들은 자녀 양육에 대한 공통 관심사를 부모들 간에 나눔으로써 안정감을 느끼게 된다. 서로의 관심사를 공유하는 가운데 자신의 아이가 보이는 문제행동이 또래 아이가 보이는 일반적인 행동 특성임을 이해하게 된다. 이처럼 집단상담은 부모들 간의 교류로 자녀의 문제를 폭넓게 볼 수 있는 장점이 있다. 또한 부모들 간의 성공이나 실패에 관한 경험사례를 통해서 자녀의 양육에 대한 이해를 넓힐 수 있다.

영유아교육기관에서의 집단상담은 한 반의 교사와 다수의 부모가 함께 모여 자녀에 관한 의견을 나누며 정보를 교환하는 활동으로, 적게는 4명에서 많게는 8명 정도의 부모가 함께 모임을 하게 된다.

집단상담을 통해 부모들은 기관에서 영유아를 어떻게 지도하고 교육하는지 알 수 있으며, 교사와의 개별상담으로 인한 긴장도 줄일 수 있다. 교사는 부모와의 집단상담을 통해 부모의 공통적인 기대와 정보를 확인함으로써 영유아에 대한 정보를 얻을 수 있다.

영유아교육기관에서의 집단상담 내용은 학부모들의 공통된 관심사를 토대로 잘 선정해야 한다. 집단상담의 내용으로는 기관에서의 영유아의 적응문제, 놀이 지도법, 또래 형성 및 관계, 기본생활 습관, 문제행동 지도법, 대화기법, 긍정적 자아개념 등이 있다. 집단상담의 주제를 잘 선정하면 함께 고민을 나누고 해결하고자 하는 동기가 높아지게 된다. 교사는 집단상담 시간을 이용해 학부모에게 학급의 운영방침이나 교육철학, 주요 행사, 하루일과 전달을 통해 부모의 협력을 구할 수 있다.

(2) 집단상담의 장점과 단점

집단상담에서 부모들은 상호 간의 상호작용을 통해 비슷한 문제를 가지고 있다는 사실을 인식함으로써 심리적인 안정감을 가지게 된다. 또한 자신의 견해와 양육방식에 대한 상대방의 느낌과 견해를 통찰할 수 있게 된다. 이와 같은 집단상담에 장점과 단점은 다음과 같다(김용숙 외, 2021).

① 집단상담의 장점

- 개인상담에 비해서 시간적인 경제성이 있다.

- 구성원이 자유롭게 자신의 문제를 이야기할 수 있다.
- 집단상담을 통해 동료집단의 성격이 강화될 수 있다
- 자신과 타인의 관계에서 보는 시각이 증진된다.
- 지도적 역할과 각기 상담자의 역할을 배울 수 있다.
- 다양한 구성원으로 인해 상호작용 학습의 장이 될 수 있다
- 집단을 통해 자신을 자각할 수 있다
- 사회성을 키워주며 대인관계에서 자신감을 갖게 한다.
- 자신뿐 아니라 상대방도 부적응의 문제를 가지고 있다는 것을 이해할 수 있다.
- 자신의 감정을 타인에게 표현하고 다른 사람의 감정을 받아들일 수 있는 태도를 학습할 수 있다.

② 집단상담의 단점

- 개인상담보다 더 복잡하기 때문에 상당한 수준의 기술을 요한다.
- 집단상담 실시에는 많은 에너지가 요구된다.
- 집단상담은 어떤 사람에게는 적절하지 않거나 효과가 없을 수 있다.
- 집단상담은 상담의 깊이를 갖기 어려운 점이 있다.

(3) 집단상담의 과정

학부모의 집단상담 과정은 다음과 같다.

① 준비

- 집단상담을 하기 전 최소 2~3주 전에 집단상담에 대한 안내문을 발송한다. 집단상담 안내문에는 집단상담의 주제와 장소, 일시, 참석여부, 소요시간을 기재한다.
- 집단상담을 위해서 소규모 집단의 학부모들이 모일 수 있는 적당한 크기

의 공간을 마련하고 중간에 원탁을 놓고 둘레 의자를 놓는다.

- 계절 및 분위기에 맞는 간단한 다과를 준비하고 기다리는 동안 볼 수 있도록 영유아의 자료나 사진을 배치한다.

② 진행

- 학부모님들이 오시면 반갑게 맞이하며 지정 자리로 안내를 한다.
- 참석 학부모님이 다 모이면 교사로 시작해서 돌아가면서 학부모들 스스로 자신을 소개하며 인사한다.
- 교사는 집단상담의 주제와 목적, 진행 방법에 대해 간략하게 설명한다.
- 주제에 관한 이야기를 꺼내며 자연스럽게 의견교환을 할 수 있도록 한다.
- 교사는 모든 부모님에게 평등하게 대하며 반영적 경청을 통해 공감을 표현한다.
- 의견이 다른 부모의 의견에 대해 비판하거나 상처 주는 말을 하지 않도록 미리 안내한다.
- 한 사람이 오랫동안 발언을 하지 않도록 한다.
- 교사는 문제의 답을 주지 말고 부모님들과 함께 해결방안을 모색하도록 유도한다.

③ 종결단계

- 교사는 정해진 시간이 다 되면 앞서 논의된 이야기를 요약하고 가정과 기관에서 지도해야 하는 부분에 관해서 이야기한다.
- 학부모에게 기관의 교육철학이나 교사의 교육방침, 공지할 내용에 관해 이야기한다.
- 끝으로 기관에 부탁하고 싶은 이야기를 하도록 한다.

(4) 집단상담 프로그램

집단상담은 부모교육 강사를 연계하여 프로그램의 형태로 진행할 수도 있다. 집단상담 프로그램은 진행할 강사의 이력을 간단히 소개하며 시작한다. 전문적인 강사의 진행을 통해 상호 간에 상호작용하며 개인적인 갈등이나 문제에 관한 인식을 하게 함으로써 개인의 문제해결을 도울 수 있다. 다음은 집단상담 프로그램에 관한 사례이다.

표 4-5 집단상담 프로그램 사례

긍정적인 자아개념을 위한 집단상담 프로그램		
활동명	**활동내용**	**준비물**
오리엔테이션	• 긍정적 자아개념을 위한 집단상담의 성격과 참여 자세에 대해 설명한다. • 긍정적 자아개념의 형성을 돕는 방법에 의해 변화될 수 있다는 것을 강조한다. • 긍정적 자아개념 형성을 위한 집단상담의 내용과 방법을 안내한다.	
기질 프로필	▣ **부모교육: 기질의 정의 및 특성이 개인의 자아개념형성에 미치는 영향** 1. 나의 기질은? • 기질 자기진단 2. 같은 기질은? • 기질 판독 결과를 바탕으로 같은 기질별 집단모임을 가진다. • 각 기질의 특성 및 강점, 약점 극복 방법에 대한 대화를 나눈다. • 자신을 긍정적, 부정적으로 평가하는 것이 얼마나 있으며 자기에게 어떤 영향을 미치는지 이야기 나눈다. ※ 평가 및 가정학습과제 안내 • 각 기질의 독특한 면을 바탕으로 자녀의 기질을 파악한다.	기질 테스트
자녀와 기질	▣ **부모교육: 부모 · 자녀의 자아개념 관계** 1. 자녀 기질? • 자녀가 가지고 있는 기질별로 모이기 • 자녀의 행동 관찰을 바탕으로 강점과 약점을 이야기 나눈다. 2. 문제해결 • 자녀의 문제행동이 자기에게 어떤 영향을 미치는지 이야기 나눈다. ※ 평가 및 가정학습과제 안내 • 기질별 이해를 통해 자녀와의 관계를 개선하는 방법을 찾는다.	유인물
올바른 자녀양육	▣ **부모교육: 유아의 자아개념에 영향을 주는 어머니와의 인간관계** 1. 문제행동 • 지난 시간 과제를 통해 자녀의 문제행동을 파악한다. (예: 자기물건을 정리하지 않음) 2. 문제해결 • 자녀의 기질별로 집단모임을 갖는다. • 대한 하나 이상의 해결방안을 탐색한다. • 가상의 문제 상황을 통한 연습과 어머니–유아의 역할을 바꾸어 훈련한다. ※ 평가 및 가정학습과제 안내	유인물

출처: 김현진(2009); 김용숙 외(2021). 아동상담 및 생활지도. 재인용. p.215~216.

표 4-6 집단상담 기록지

20○○년 ○반 집단상담 기록지

<table>
<tr><td>상 담 내 용</td><td colspan="3"></td></tr>
<tr><td>상 담 일 시</td><td></td><td>장　　소</td><td></td></tr>
<tr><td>참 석 부 모</td><td colspan="3"></td></tr>
<tr><td>상 담 내 용</td><td colspan="3"></td></tr>
<tr><td>비　　　고</td><td colspan="3"></td></tr>
</table>

3) 전화상담

전화상담은 전화와 목소리를 통해 부모와 의견을 상담하는 활동으로 긴급한 의사소통이 필요할 경우 사용할 수 있다. 또한 부모가 정기상담에 참여하기 어려울 때 대체수단으로써 사용된다. 전화상담은 많은 장점이 있으며 부모와 긴밀한 관계를 유지하는 것에 있어서도 효과적인 방법이다.

전화상담 시 주의해야 할 부분은 한 달에 한 번이라도 영유아와 부모에 대한 안부, 감사 인사, 영유아에 관한 정보를 전화상담을 이용해 전달함으로써 부모가 영유아교육기관의 전화가 올 때 당황하지 않도록 해야 한다. 특히 자녀의 문제행동에 대한 해결방안을 모색할 때는 수시로 전화 통화를 하여 상황을 공유함으로써 서로 협력관계를 가질 수 있다.

교사의 효과적 전화상담을 위한 전략은 다음과 같다.

(1) 전화상담 시 기본태도

전화상담은 음성으로만 상호작용이 이루어지므로 예절을 지켜 응대해야 하며, 상대와 대면하는 것처럼 친절하게 태도를 유지해야 한다. 학부모에게 중요한 내용을 전달할 때는 억양이나 음성에 주의하면서 집중하며 답변해야 한다. 전문용어나 잘못된 단어를 사용하지 않으며 발음은 정확하게 목소리는 명랑하게 의사전달이 확실히 되도록 말한다(중앙육아종합지원센터, 2014. 키움뜰 양육상담 운영메뉴얼. p37).

(2) 교사가 부모에게 전화할 때

부모와 전화 통화 시 자신의 신분과 이름을 밝히고 지금 통화가 가능한 상황인지에 관해 물어보아야 한다. 그리고 교사는 전화를 건 이유를 부모에게 말하고 상대의 반응에 공감적으로 반응해야 한다. 부모에게 아이의 발달이나 행동에 대해 가정에서도 격려할 수 있도록 권면하고 앞으로도 함께 노력할 것임을 전한다. 전화를 끊기 전에 아이의 안부를 물어보고 앞으로도 연락을 할 것이며 부모도 언제든지 연락이 가능하다는 것을 안내하고 전화상담을 끝낸다.

(3) 부모가 교사에게 전화했을 때

부모가 교사에게 전화했을 때, 교사는 먼저 부모의 전화를 한 이유를 들으면서 반영적 경청을 한다. 부모가 자녀의 원에서 생활을 물어보는 경우 교사는 구체적인 상황을 예로 들어 설명하고 계속 관심을 가지고 지도하겠다는 것을 밝힌다. 만일 영유아 문제행동에 관한 것이라면 부모가 언급한 문제행동에 대해서 구체적인 질문을 한다. 마지막으로 부모의 전화를 한 것에 감사를 전하고 전화를 끝낸다.

표 4-7 일상적 전화상담 예시

구분	내용
인사	안녕하세요! ○○어머니, ○○유치원 ○○반 ○○입니다.
통화 가능 여부 확인	어머님 잠깐 통화가 가능할까요?
전달할 내용 전하기	오늘 ○○이가 ○○놀이를 마치고 스스로 친구들을 도와 정리하는 모습을 보여주었답니다. 우리○○이가 친구들과 잘 지내고 협력하는 모습에 감동되어 어머님께 전해드리려고 싶어서 연락드렸어요. ○○이가 친구와 잘 어울리지 못해 걱정하신 어머님께 기쁜소식이 될 것 같네요. 우리 ○○! 칭찬해 주세요!
부모의 의견 듣기	집에서는 요즘 어떻게 지내나요? 혹시 유치원에서의 일을 이야기하던가요?
영유아의 안부	어머니, **옆에 있나요? ○○목소리를 들을 수 있을까요? (○○이와 통화 후) ○○야, 엄마 다시 바꿔주겠니?
끝인사	○○어머님, 내일 유치원에서 ○○이를 만날게요. 안녕히 계세요.

표 4-8 일상적 전화상담 일지 예시

전 화 상 담 일지

월/일	시 간	발신자	연 락 처	상 담 내 용	담당자 확인

표 4-9 전화상담 사례 예시

20○○년 ○월 ○일 월요일 17:30~17:50 전화상담	
부모	○○이가 요즘 자다가도 쉬가 마려우면 새벽에 벌떡 일어나요. 그래서 잠을 깊이 못 받을까 봐 일단은 ○○이가 원하는 대로 하고 있답니다. 혹시 배변훈련이 필요 시 어린이집에서도 도와주실 수 있으신가요? 지금은 새벽에도 일어나 변기에 앉으려고 하고 2시간 간격으로 화장실을 가고 있어요. 어린이집 다니면서 언어표현이 좋아졌어요. 신기하답니다. 오늘도 ○○이가 '엄마 나는 행복해~'라는 말을 해서 기분이 좋았답니다.
교사	네~ 알겠습니다. 어머님. 너무 걱정 마시고 준비되시면 언제든지 말씀해 주세요. 그리고 등원 전 ○○이가 집에서 화장실 간 시간을 미리 말씀해 주시면 좋을 것 같아요. 친구들이 화장실 갈 때 "○○이도 화장실 갈래?"라고 자연스럽게 물으며 서서히 배변훈련을 시도하겠습니다. ○○이는 자신에 경험을 바탕으로 한 단어들을 친구들과 놀이하면서 잘 표현하는 편입니다. 친구들과 상호작용하면서 언어습득을 하는 것 같습니다. 오늘 상담에 시간 내주셔서 진심으로 감사드립니다. 앞으로 궁금하신 사항이나 개선해야할 사항이 있으시면 알림장이나 원으로 전화 주시면 도움을 드리도록 하겠습니다.

4) 인터넷을 이용한 상담

인터넷 상담은 시간과 노력을 최소화하면서 부모의 관심사에 일대일 답변이 가능한 방법으로, 부모 입장에는 시간과 장소에 제약 없이 궁금한 것을 물어보며 정보를 얻고 의논할 수 있다는 장점이 있다. 반면 답변을 하기 위해서 교사가 근무시간 이외에 업무를 해야 하는 경우가 있고, 충분한 의사소통 없이 일방적으로 정보나 의견을 제공할 수 있다는 단점이 있다(홍길회 외, 2016).

인터넷 상담의 유형으로는 영유아교육기관 홈페이지를 활용한 홈페이지 상담과 포털 사이트 내의 무료 카페나 클럽을 이용한 상담, 개인 이메일을 이용하는 상담이다. 포털 사이트 내의 무료 카페나 클럽을 이용하는 방법은 교사가 운영자가 되고 부모들이 회원으로 참여하여 서로 소통하며 정보를 공유하는 것이다. 홈페이지를 통한 상담은 공개와 비공개의 형태가 있으며 공지 사항 안내나 별도의 상담을 할 수 있다.

영유아교육기관의 홈페이지는 기관 및 교사, 약도, 인터넷 앨범 등을 소개하는 홍보적 기능과 학습과 관련된 자료와 풍부한 정보를 얻을 수 있는 교육적 기능이 있다. 또한 교육 자원과 부모와의 협력적 환경을 제공하기 위한 회의 주재, 메모 전송, 학부모 만남, 학적 기록 상호교환 등과 같은 행정적 기능이 있다(이태욱, 1999). 학부모는 궁금증을 해소하기 위해 개별상담을 하기도 하며 교사와 부모는 홈페이지를 통해 상호교류를 할 수 있다.

홈페이지를 통한 상담 작성 시 필요한 기본태도는 다음과 같다(중앙육아종합지원센터, 2014). 키움뜰 양육상담 운영메뉴얼. p.42.).

- 짧은 문장, 논리적 내용, 명확한 표현을 사용한다.
- 가급적 첨부파일은 많이 첨부되지 않도록 한다.
- 읽기 편하도록 짧고 간결하게 작성한다.
- 이모티콘 사용은 자제한다.
- 원격 서비스 특성상 감성적 표현과 문구 사용에 유의한다.
- 형식적인 어투로 느껴지지 않도록 유의한다.

TIP 영유아교육기관의 홈페이지 내용

- 기관의 소개: 인사말, 교육목적, 원훈, 찾아오는 길, 연혁, 교직원소개
- 교육 프로그램: 기관에서 운영하는 교육과정 설명
- 주요 행사: 기관에서 계획하고 있는 행사 안내
- 게시판: 부모에게 공지할 사항 게시
- 방명록: 홈페이지 방문한 부모들의 하고 싶은 말
- 기타: 원아 모집 안내 및 부모에게 도움 되는 글, 유아들의 활동 모습 등 기관의 필요에 따라 구성

출처: 김정원, 전선옥(2016); 전선옥(2020). 영유아교육기관의 부모상담. 재인용. p.61.

5) 기타

어린이집에서는 영유아의 건강한 성장과 발달을 위한 가정 연계의 방법으로 가정통신문이나 알림장을 활용하여 정보를 교환하며 소통을 하고 있다. 이것은 교육기관의 운영적인 측면뿐만 아니라 자녀의 성장을 돕는 동반자적 관계로 교사와 부모의 밀접한 소통의 방법이다.

최근 인터넷 활용의 일반화로 영유아교육기관의 현장에서도 스마트폰을 활용하여 소통이 이루어지고 있다. 스마트폰을 활용한 소통은 메신저, SNS와 커뮤니케이션 앱 등을 통하여 시간과 장소에 구애받지 않고 양방향 의사소통이 이루어지며 즉각적인 커뮤니케이션이 가능함에 따라 상담에도 활용되고 있다.

커뮤니케이션 앱의 기능을 활용하면 유아에 대한 상담과 자녀에 대한 세세한 이야기를 충분히 나눌 수 있고 모바일 인스턴트 메신저나 SNS를 활용하는 경우 발생할 수 있는 개인의 사생활 침해와 불필요한 정보 제공을 막을 수 있다. 교사는 스마트알림장의 사진 게시를 위한 업무로 영유아 놀이시간에 방해가 초래될 수 있고 게시 사진이 비교되어 어려움을 겪을 수 있으므로 교육기

관에서는 영유아의 안전과 보호를 저해할 수 있는 점은 부모와의 협의를 통해 고려되어야 한다(백은명, 2022).

현재 다양한 종류의 스마트알림장 앱 중에서 키즈노트, 키디스, 맘파파 등이 있으나 키즈노트가 국내에서 가장 먼저 개발되어 가장 많이 사용되고 있다. 키즈노트 앱은 알림장과, 공지사항, 사진 및 동영상을 볼 수 있는 앨범, 식단표, 투약의뢰서, 귀가 동의서, 전자출결시스템을 통한 출결 상황을 확인할 수 있다. 또한, 키즈노트는 번역기능이 있어 다문화가정에서도 쉽게 소통할 수 있다(유구종, 2020).

스마트알림장을 활용해 영유아에 대해 기록하게 되면 수정할 것이 있을 때 쉽게 수정할 수 있고, 텍스트로는 전달이 불가한 감정을 스마트알림장 앱 서비스 내에서 제공하는 스티커나 이모티콘을 통해 전달할 수도 있다. 또한 편리한 시간에 글을 남겨두어 소통할 수 있고, 갑자기 결정되거나 변화되는 전달 사항을 누구에게나 즉시 공지할 수도 있어 편리하다.

스마트알림장을 통한 소통방식은 지면, 전화, 홈페이지, 대면 소통 등을 통합한 총체적 애플리케이션으로 정보 전달뿐 아니라 양방향 의사 소통방식으로 업무의 효율성을 높이는 장점이 있다.

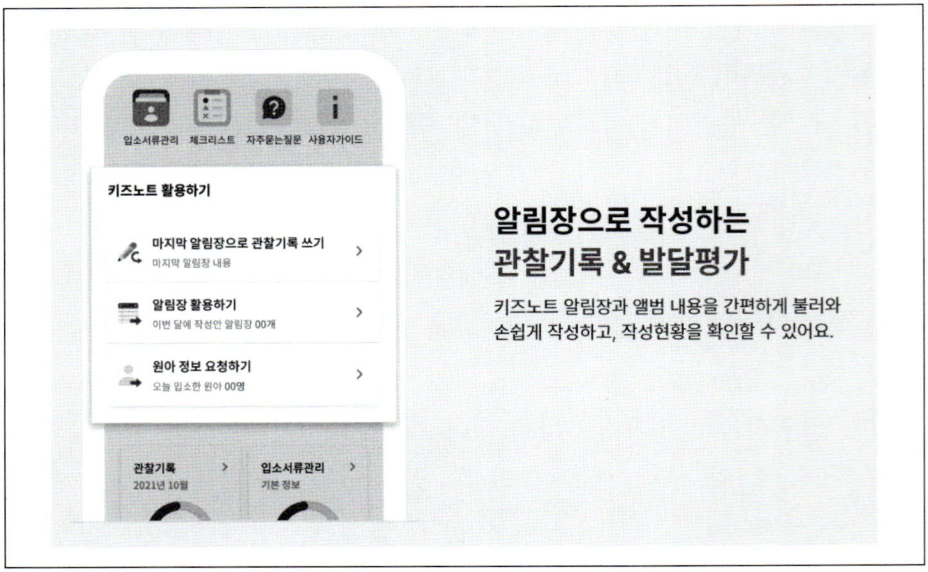

그림 4-1 스마트알림장 예시

출처: 키즈노트(2022). www.kidsnote.com

2 부모상담의 과정

1) 부모상담 전 준비

(1) 상담 전 라포 형성하기

라포(Rapport)란 상호 간 신뢰하고 친근감을 느끼고 서로 조화를 이루는 관계를 말한다(전선옥, 2020). 교사와 부모는 정해진 부모상담을 하기 전 다양한 방법으로 의사소통을 하게 된다. 등·하원 시 만나기도 하고 갑작스런 일 또는 특별한 에피소드로 전화를 하기도 한다. 부모는 교사와의 다양한 소통을 통해 자녀에 대한 이해뿐 아니라 담임교사에 대한 신뢰감을 형성하고 기관운영에 대한 긍정적 이미지를 갖기도 한다. 상담 전에 이루어지는 교사의 주기적인 의사소통은 상호존중과 수용을 바탕으로 교사와 부모의 긍정적인 관계 형성에 도움이 된다. 교사와 부모가 친밀감이 형성되면 서로의 감정에 솔직하고 자유롭게 표현할 수 있으며 경청할 수 있게 되므로 부모상담전 라포 형성은 매우 중요하다.

(2) 사전 지식

교사는 상담 전 점검하고 알아두어야 할 것들을 확인해야 한다. 교육기관에서 강조되는 교육철학과 운영방향 등 교사가 정확하게 이해하고 신념을 가지고 이야기할 수 있어야 한다. 또한 각 반 담임으로서 아이들의 개별적 특성 및 영유아기의 발달에 대해 이해하고 설명할 수 있도록 해야 한다. 발달에 따라 자연스러운 행동을 문제행동으로 볼 수 있는 점을 고려해 연령별 발달의 특성을 잘 알고 있어야 부모의 의견에 객관적인 의사소통을 할 수 있다.

교사는 상담전문가는 아니지만 부모의 마음을 이해하고 바람직한 의사소통을 하기 위해 상담 관련 기본적인 지식과 기술을 알 수 있는 정보나 책을 통해 얻을 수 있도록 노력할 수 있어야 한다. 교사는 부모와의 상담내용을 잘 기록하고 상담 이후에 반영하도록 노력하여야 한다. 상담내용은 정보가 잘 전달될 수 있도록 정확하고 간결하게 작성하도록 한다. 교사는 부모와의 상담을 통해 알게 된 다양한 정보나 가정 내 이야기에 대해 비밀을 유지하고 개인적 내용의 기록은 주의하여 보관하여야 한다.

(3) 부모상담 물리적 환경

상담실은 소음이 없고 편안한 느낌을 주도록 다른 공간과 분리되도록 한다. 상담실의 입구 쪽에는 환영의 메시지와 상담시간표를 게시해 따뜻한 분위기를 조성할 수 있다. 부모들은 정해진 시간에 따라 방문하기 때문에 대기할 장소를 마련해 놓아야 한다.

대기실 주변에는 가볍게 마실 음료와 다과를 준비할 수 있고 지루하지 않도록 잔잔한 음악을 틀어 편안함을 느낄 수 있도록 해도 좋다. 부모가 기다리는 시간을 활용할 수 있도록 전체적인 아이들의 놀이 사진이나 양육정보지 등을 비치해 놓는 것도 좋다.

그림 4-2 대기실 주변

그림 4-3 대기실 장소

① 개별상담 물리적 환경

상담실이 별도로 마련되어 있지 않을 경우에는 교실을 활용하여 책상과 주변 환경을 정돈하여 상담할 수 있는 공간을 마련할 수 있다. 교실은 친근하게 느낄 수도 있으나 어수선할 수 있으므로 주변을 정돈해야 한다.

대면상담은 부모와 안정감을 느끼고 편안하게 대화를 할 수 있는 공간으로 구성되어야 효과적인 상담이 이루어질 수 있다.

교사는 출입문이 보이는 위치에 앉아 밖의 상황을 잘 살필 수 있도록 하고 부모의 자리가 채광과 출입구 쪽을 향하지 않도록 한다. 효율적인 대화를 위한 부모와 교사의 적정 대면거리는 약 70cm~90cm 정도의 간격을 유지하는 것이 좋다.

그림 4-4 개별상담 장소

그림 4-5 개별상담

② 집단상담 물리적 환경

집단상담을 위해서 소규모 집단의 학부모들이 모일 수 있는 적당한 크기의 공간을 마련하고 중간에 원탁을 놓고 둘레 의자를 놓는다.

계절 및 분위기에 맞는 간단한 다과를 준비하고 기다리는 동안 볼 수 있도록 영유아의 자료나 사진을 배치한다.

그림 4-6 집단면담 장소

그림 4-7 집단면담

(4) 부모 상담을 위한 자료 준비

부모상담을 위해서는 기관의 교사들과 회의를 통해 계획하고 평가를 하게 된다. 상담을 하기 전후와 과정에 필요한 다양한 자료를 준비하고 계획하게 된다. 담임교사는 영유아와 함께 지내오면서 누적된 개인별 자료를 다양하게 준비하는 것이 필요하다.

영유아의 발달과정에 대한 객관적인 자료를 토대로 상담을 진행하는 것은 영유아교육 전문가로서 신뢰감을 높일 수 있다. 아무런 준비 없이 부모를 맞이하게 되는 경우에는 상담시간이 지루하고 의미 없이 흘러갈 수 있다. 따라서 교사는 지속적으로 관찰하고 파악해온 부분을 토대로 상담자료를 준비한다.

부모와의 상담을 위해 교사가 얼마나 준비하느냐는 상담의 성공을 결정짓는 중요한 요인으로 볼 수 있으므로(Jordon & Maria, 1998) 개별 유아에 대한 객관적인 자료의 수집은 무엇보다 중요하다. 영유아의 발달을 확인할 수 있는 중요한 자료에는 이전 상담일지, 관찰일지, 일화기록, 행동목록표, 생활기록부, 놀이결과물, 놀이 사진, 포트폴리오 등 다양하게 준비될 수 있다. 개별 영유아에 대한 자세한 관찰과 기록내용을 토대로 부모상담을 준비할 때 교사와 부모 간의 원활한 상담이 될 수 있다.

표 4-10 부모상담 안내 가정통신문 예시

20○○년 1학기 부모상담 안내문

안녕하십니까?

단체생활을 통해 사회에 첫발을 내디딘 아이들이 하루가 다르게 잘 자라나고 있습니다. 또래 친구들과 어울려 놀이하고 배우며 규칙과 질서, 배려와 나눔을 실천하는 모습이 대견합니다. 이번 '1학기 학부모상담'을 통해 가정과 기관간의 소통하는 시간을 마련하고자 합니다. 우리 아이들이 몸과 마음이 건강하고 행복한 생활을 할 수 있도록 부모님과 함께 하고자 합니다.

바쁘시더라도 상담에 꼭 참여하셔서 유익한 시간을 만들어 주시면 감사하겠습니다.

〈 상담 날짜와 시간, 장소 안내 〉

20○○년 4월 ○○일(월) ~ 2022년 4월 ○○일(화)
16:30 ~19:30, 각 반 교실

* 담임교사와의 면담시간은 20분 내외입니다.
* 궁금하신 사항을 미리 정리해보시면 상담이 원활히 진행됩니다.
* 원하시는 상담 날짜와 시간을 작성하여 보내주시면 반영하여 상담 일정을 키즈노트를 통해 안내해드리겠습니다.

※ 아래 상담 신청서를 작성하셔서 4월 ○○일(화)까지 보내주시기 바랍니다.

..............✂.............. 절 취 선

부모상담 신청서

반명 : 원아명 :

상담 희망일	상담 종류		상담 희망 시간 (원하는 시간대에 ○표 해주세요.)
	방문	전화	16:30 ( ) 16:50 ( ) 17:10 ( ) 17:30 ( ) 17:50 ( ) 18:10 ( ) 18:30 ( ) 18:50 ( ) 19:10 ( )
상담하고 싶은 내용을 자세하게 적어주세요			

표 4-11 일화관찰기록 예시

만△세 ○○반 영아 일화관찰기록

<table>
<tr><th>관찰 유아</th><td>OOO(만 2세)</td><th>성별</th><td>남</td><th>관찰 일시</th><td>2020년 0월 0일 오전 10시</td></tr>
<tr><th>관찰자</th><td colspan="3">담임교사: OOO</td><th>관찰 장소</th><td>빨강반 교실</td></tr>
<tr><th>영역</th><td colspan="5">더불어 생활하기 〉 다른 사람의 감정과 행동에 반응을 보인다.</td></tr>
<tr><th>관찰</th><td colspan="5">하윤이는 교실의 매트에 앉아 블록으로 팽이를 만들기 시작한다. 규민이가 하윤이가 만드는 팽이를 만지려 하자 하윤이는 “안 돼!” 하고 외친다. 규민이는 하윤이의 팽이를 강제로 잡아당기다가 부서뜨린다. 하윤이는 부서진 팽이를 보며 운다.
교사는 규민이를 향해 “규민아, 네가 만든 장난감을 다른 친구가 망가뜨리면 속상하지? 하윤이도 팽이 만든 걸 규민이가 부서트려서 속상하대.”라고 말한다. 규민이는 말없이 고개를 숙이고 서 있는다. 교사는 규민이를 향해 “규민아, 하윤이가 많이 속상해하는데 어떻게 해야 할까?”라고 하자 규민이는 하윤이를 보며 “미안”하고 말한다. 하윤이가 부서진 팽이를 보며 계속 울자 옆에 있던 태은이가 다가와 하윤이의 눈물을 닦아준다. 태은이는 하윤이를 보며 “내가 도와줄까?”라고 말한다. 하윤이는 말없이 고개를 끄덕인다. 태은이는 부서진 블록들을 다시 끼우기 시작한다. 완성된 블록 팽이를 하윤이에게 “자” 하고 내민다. 교사는 하윤이에게 다가와 “태은이가 하윤이를 도와줬구나.”라고 말하자 하윤이는 고개를 끄덕인다.</td></tr>
<tr><th>해석 및 지원</th><td colspan="5">하윤이가 만든 팽이를 규민이가 부서뜨리자 하윤이는 속상한 마음을 울음으로 표현하였다. 규민이는 교사의 상호작용을 통해 하윤이의 감정과 행동에 대해 미안하다는 의사표현을 하였다. 태은이는 하윤이의 행동에 관심을 가지면서 눈물을 닦아주고 블록 만드는 것을 도와주는 반응과 행동을 보이고 있다.
영아들은 다른 영아들과의 상호작용을 하면서 말이나 행동, 표정을 통해서 다른 유아의 감정과 행동에 관심을 보이며 반응을 하였다. 하윤이는 규민이가 만든 팽이를 자신도 가지고 싶어 빼앗는 행동을 한 것으로 보인다. 영아들이 다른 사람과 놀이를 하는 과정에서 상대방의 싫어하는 것과 좋아하는 것에 대한 감정과 행동을 이해하고 반응을 할 수 있도록 상황 역할극 놀이나 상호작용을 통해 지원을 한다.</td></tr>
</table>

출처: 오연주 외(2021). 아동관찰 및 행동연구. p.151.

표 4-12 영이 행동 관찰기록 예시

영아 행동 관찰 기록지

영아명 (성별)	OOO (여)		생년월일	2000.00.00 (만 1세)
관찰자	OOO		관찰기간	2000.0.00 ~ 2000.0.00
※ 영아 관찰 결과 그렇다(3점), 보통(2점), 미흡(1점)으로 표기한다.				
범주	내　　용	1학기	2학기	
기본생활	도움을 받아 몸을 깨끗이 한다.			
	음식을 즐겁게 먹는다.			
	하루 일과를 편안하게 경험한다.			
	배변의사를 표현한다.			
	안전한 상황에서 놀이하고 생활한다.			
	안전한 상황에서 교통수단을 이용해 본다.			
	위험하다는 말에 주의한다.			
신체운동	감각적 자극에 반응한다.			
	감각으로 주변 환경을 탐색한다.			
	신체를 탐색한다.			
	대소근육을 조절한다.			
	기본운동을 시도한다.			
	실내외 신체활동을 즐긴다.			
의사소통	표정, 몸짓, 말과 주변의 소리에 관심을 갖고 듣는다.			
	상대방의 이야기를 들으면서 말소리를 낸다.			
	표정, 몸짓, 말소리로 의사표현을 한다.			
	주변의 그림과 상징에 관심을 가진다.			
	끼적이기에 관심을 가진다.			
	책에 관심을 가진다.			
	이야기에 관심을 가진다.			

사회관계	나를 인식한다.		
	나의 요구와 감정을 나타낸다.		
	나와 친숙한 것을 안다.		
	안정적인 애착을 형성한다.		
	또래에게 관심을 가진다.		
	다른 사람의 감정과 행동에 주의를 기울인다.		
	반에서 편안하게 지낸다.		
예술경험	자연과 생활에서 아름다움을 느낀다.		
	아름다움에 관심을 가진다.		
	소리와 리듬 노래에 반응한다.		
	감각적으로 미술경험을 한다.		
	모방행동을 즐긴다.		
자연탐구	주변 세계와 자연에 대해 호기심을 가진다.		
	사물과 자연을 탐색하기를 즐긴다		
	친숙한 물체를 감각으로 탐색한다.		
	물체의 수량에 관심을 가진다.		
	주변 공간과 모양을 탐색한다.		
	규칙성을 경험한다.		
	주변의 동식물에 관심을 가진다.		
	날씨의 변화를 감각으로 느낀다.		

출처: 오연주 외(2021). 아동관찰 및 행동연구. p.158. 용도에 맞게 내용 재구성.

표 4-13 유아 행동 관찰기록 예시

유아 행동 관찰 기록지

유아명 (성별)	OOO (여)	생년월일	2000.00.00 (만 3세)
관찰자	OOO	관찰기간	2022.4.10 ~ 2022.6.20

※ 유아 관찰 결과 그렇다(3점), 보통(2점), 미흡(1점)으로 표기한다.

범주	내 용	1학기	2학기
신체운동 · 건강	신체를 인식하고 움직이기		
	신체 움직임을 조절하기		
	기초적인 이동운동, 제자리 운동, 도구를 이용한 운동하기		
	실내외 신체활동 자발적 참여하기		
	자신의 몸과 주변을 깨끗이 하기		
	몸에 좋은 음식에 관심을 가지고 바른 태도로 즐겁게 먹기		
	하루 일과의 적당한 휴식 취하기		
	질병 예방법을 알고 실천하기		
	일상에서 안전하게 놀이하고 생활하기		
	TV, 컴퓨터, 스마트폰 등을 바르게 사용하기		
	교통안전 규칙 지키기		
	안전사고, 화재, 재난, 학대, 유괴 등에 대처 방법 경험하기		

의사소통	말이나 이야기 관심 있게 듣기		
	자신의 경험, 느낌, 생각 말하기		
	상황에 적합한 단어를 사용하기		
	상대방이 하는 이야기를 듣고 관련해서 말하기		
	바른 태도를 듣고 말하기		
	고운 말을 사용하기		
	말과 글의 관계에 관심 가지기		
	주변의 상징, 글자 등의 읽기에 관심 가지기		
	자신의 생각을 글자와 비슷한 형태로 표현하기		
	책에 관심을 가지고 상상하기를 즐기기		
	동화, 동시에서 말의 재미를 느끼기		
	말놀이와 이야기 짓기를 즐기기		
사회관계	나를 알고 소중히 여기기		
	나의 감정을 알고 상황에 맞게 표현하기		
	내가 할 수 있는 것을 스스로 하기		
	가족의 의미를 알고 화목하게 지내기		
	친구와 서로 도우며 사이좋게 지내기		
	친구와의 갈등을 긍정적인 방법으로 해결하기		
	서로 다른 감정, 생각, 행동을 존중하기		
	친구와 어른께 예의 바르게 행동하기		
	약속과 규칙의 필요성을 알고 지키기		
	내가 살고 있는 곳에 대해 궁금한 것 알아보기		
	우리나라에 대해 자부심을 가지기		
	다양한 문화에 관심을 가지기		

예술경험	자연과 생활에서 아름다움을 느끼고 즐기기		
	예술적 요소에 관심을 갖고 찾아보기		
	노래를 즐겨 부른다.		
	신체, 도구를 악기로 간단한 소리와 리듬을 만들기		
	신체, 도구를 활용해 움직임과 춤으로 자유롭게 표현하기		
	다양한 미술 재료와 도구로 자신의 생각과 느낌 표현하기		
	극 놀이로 경험이나 이야기를 표현하기		
	다양한 예술을 감상하여 상상하기를 즐기기		
	서로 다른 예술을 감상하여 상상하기를 즐기기		
	우리나라 전통 예술에 관심을 갖고 친숙하기		
자연탐구	주변 세계와 자연에 대해 지속적인 호기심을 가지기		
	궁금한 것을 탐구하는 과정을 즐겁게 참여하기		
	탐구과정에서 서로 다른 생각에 관심 가지기		
	물질의 특성과 변화를 여러 가지 방법으로 탐색하기		
	물체를 세어 수량 알아보기		
	물체의 위치와 방향, 모양을 알고 구별하기		
	주변에서 반복되는 규칙을 찾기		
	일상에서 모은 자료를 기준에 따라 분류하기		
	도구와 기계에 관심을 가지기		
	주변의 동식물에 관심을 가지기		

출처: 오연주 외(2021). 아동관찰 및 행동연구. p.197~198. 용도에 맞게 재구성.

표 4-14 반 관찰기록 예시

만○세 ○○반 영유아 관찰 기록

<table>
<tr><td>관찰 기간</td><td></td><td>담 임</td><td></td></tr>
<tr><td>이 름
(생년월일)</td><td>기본생활 및 습관</td><td colspan="2">발달영역별 관찰
(신체운동·건강/의사소통/
사회관계/예술경험/자연탐구)</td></tr>
<tr><td></td><td></td><td colspan="2"></td></tr>
<tr><td></td><td></td><td colspan="2"></td></tr>
<tr><td></td><td></td><td colspan="2"></td></tr>
<tr><td></td><td></td><td colspan="2"></td></tr>
</table>

표 4-15 유아 평가 포트폴리오 준비 예시

교사는 평가를 위해 기준에 맞는 자료를 선정한다. 필요한 자료를 수집해 영유아의 발달 변화를 평가하고 이후 교육과정 계획 시 활용할 수 있다.

<table>
<tr><th>활동영역</th><td colspan="2">예술경험</td><th>평가일</th><td colspan="2">0000년 00월 00일</td></tr>
<tr><th>평가상황</th><td colspan="2">실내 자유선택활동</td><th>평가관점</th><td colspan="2">예술적 표현하기</td></tr>
<tr><th>평가유형</th><td colspan="2">사진, 일화기록</td><th>활동명</th><td colspan="2">과자에 그림 그리기</td></tr>
<tr><th>관찰 장면 기록</th><td colspan="2"></td><td colspan="3">민수는 "선생님 나는 빨강으로 하고 싶어요" 라고 말한다. 교사는 빨강 초코펜을 준다. 민수는 빨강색 초코펜을 쥐고 과자 위에 그림을 그린다. 그러다가 과자 바깥쪽으로 초코펜이 묻자 "아! 과자 바깥으로 빨강이 묻었다. 어떻게 해요?" 하고 말하며 교사를 쳐다본다. 교사는 "괜찮아 민수야! 묻은 건 다하고 나서 닦으면 돼" 하자 민수는 초코펜 그림 그리기를 계속한다.</td></tr>
<tr><th>루브릭</th><td colspan="2">1수준</td><td colspan="2">2수준</td><td>3수준</td></tr>
<tr><th>초코펜을 이용하여 자유롭게 그리기 활동을 할 수 있다.</th><td colspan="2">초코펜을 이용한 그리기 활동에 흥미를 보이지 않는다.</td><td colspan="2">교사의 권유로 초코펜 이용한 그리기 활동을 시도한다.</td><td><u>스스로 초코펜을 이용한</u> 그리기 활동에 참여한다.</td></tr>
<tr><th>교사 견해</th><td colspan="5">3수준 : <u>스스로 초코펜을 이용한 그리기 활동에 참여한다.</u></td></tr>
<tr><th>부모 견해</th><td colspan="5">민수가 집중해서 하는 모습이 신기하네요. 다양한 활동 경험을 할 수 있게 해주셔서 감사해요</td></tr>
</table>

출처: 오연주 외(2021). 아동관찰 및 행동연구. p.274. 용도에 맞게 내용 재구성.

표 4-16 생활기록부

생활기록부

구분 \ 연령	3세	4세	5세
수료 · 졸업대장번호	20 –	20 –	20 –
반			
담임 성명			

사 진 (3.5㎝×4.5㎝)

1. 인적사항

<table>
<tr><th>성명</th><td></td><th>성별</th><td></td><th>생년월일</th><td></td></tr>
<tr><td rowspan="3">주소</td><td colspan="5"></td></tr>
<tr><td colspan="5"></td></tr>
<tr><td colspan="5"></td></tr>
<tr><td rowspan="3">가족 상황</td><th>구분 \ 관계</th><th colspan="2">부</th><th colspan="2">모</th></tr>
<tr><td>성명</td><td colspan="2"></td><td colspan="2"></td></tr>
<tr><td>생년월일</td><td colspan="2"></td><td colspan="2"></td></tr>
</table>

2. 학적사항

연.월.일. \ 구분	내 용	특기사항
20 . . .	유치원 세 입학	
	※ 이하 빈칸은 학적 변동에 따라 추가 가능	
졸업 후의 상황		

3. 출결상황

구분 / 연령	수업일수	출석일수	결석일수	특기사항
3세				
4세				
5세				

4. 신체발달상황

구분 / 연령	검사일	키(cm)	몸무게(kg)
3세	20 . . .		
4세	20 . . .		
5세	20 . . .		

5. 건강검진

구분 / 연령	검진일	검진기관	특기사항
3세	20 . . .		
4세	20 . . .		
5세	20 . . .		

6. 유아발달상황(성명 :)

연령	발달상황
3세	
4세	
5세	

표 4-17 부모상담 사전 조사서

개인면담 기초 자료(1학기)

안녕하십니까? ○월 둘째 주에는 담임교사와 학부모의 개인면담이 있을 예정입니다.
좀 더 효율적인 면담 진행을 위하여 개인면담 기초 자료를 만들고자 합니다. 아래의 설문에 구체적으로 답해주시면 개인면담에 소중한 자료로 쓰일 것입니다. 작성하셔서 ○월 ○○일 ○요일까지 보내주시면 감사하겠습니다.

- 유아가 유치원을 다니면서 달라진 점이 있나요? 있다면 어떻게 달라졌나요?
  - 기본생활습관(식습관, 수면습관, 청결습관 등)
  - 놀이행동
  - 기타
- 유아가 유치원에서 가장 친하다고 이야기하는 친구나 힘들어하는 친구가 있나요? 있다면 어떻게 이야기하는지 적어주세요.
- 유아가 유치원 활동 중에서 가장 흥미로워하는 것은 무엇이며, 어떻게 이야기하는지 적어주세요.
- 유아가 가정에서 주로 하는 놀이와 가장 많이 상호작용하는 가족은 누구인가요?
- 유치원 외에 유아가 수업받는 것이 있나요? 있다면 어떤 내용의 수업을 받고 있는지 적어주세요(학원, 학습지 등).
- 담임교사와 상담하고 싶은 내용들을 간략히 적어 주세요.
- 유치원이나 교사에게 건의하고 싶으신 사항이 있으시면 적어주세요.

출처: 박찬옥 외(2015). 유아교사를 위한 논리·창의교육. p.265.

표 4-18 부모상담 일지 예시

<table>
<tr><th colspan="5">부모상담일지</th></tr>
<tr><td>상담사항</td><td>상담일자</td><td colspan="3">년 월 일 시 분 ~ 시 분</td></tr>
<tr><td rowspan="4">인적사항</td><td>상담교사</td><td colspan="3"></td></tr>
<tr><td>영유아명</td><td></td><td>생년월일</td><td></td></tr>
<tr><td>보호자명</td><td></td><td>관계</td><td></td></tr>
<tr><td>연락처</td><td></td><td>상담방법</td><td>방문/ 전화</td></tr>
<tr><td>주요내용</td><td colspan="4"></td></tr>
<tr><td>부모
요구사항</td><td colspan="4"></td></tr>
<tr><td>종합의견</td><td colspan="4"></td></tr>
<tr><td>추후반영사항</td><td colspan="4"></td></tr>
<tr><td>비고</td><td colspan="4"></td></tr>
</table>

그림 4-8 부모상담 시 유아의 활동모습을 담은 사진 예시

TIP 신입원아의 경우

※ 교육기관 적응상황에 대한 정보를 나누어야 한다.

신입원아적응일지, 적응프로그램 실행과정에서 경험한 에피소드, 놀이사진, 놀이결과물 등을 활용하여 상담하도록 한다.

교사는 영유아의 생활 및 행동 지도에 대한 관리전략을 구체화하여야 한다. 자녀의 기관에서 생활 모습을 이해할 수 있도록 하는 것과 문제행동뿐만 아니라 전반적인 발달 측면에서 좀 더 나아지길 바라는 부분에 대해 상담해야 할 내용을 정리한다.

부모는 자녀에 대한 어떤 행동에 대해 함께 고민하는 경우가 많으므로 가정과 어떻게 연계하여 도와야 하는지를 구체적으로 준비할 필요가 있다. 교사는 부모상담 시 발생할 수 있는 여러 상황을 예측하고 기록하여 동료 교사 및 선배 교사나 원장과 함께 코칭을 받는 등 다양한 방법으로 도움을 받을 수 있도록 하여 자신의 상담 준비 정도를 점검한다.

1학기의 경우 교사는 부모의 이야기를 통해 영유아의 특성과 가정에서의 모습에 대한 정보를 알아가고 2학기에는 교육기관에서의 발달과정과 생활모습 등 변화되고 부모와 함께 협력한 노력에 대한 내용이 주를 이루게 된다. 부모상담 당일이나 최근에 있었던 일화, 유아의 주요 관심 내용 및 상담의 목적과 취지를 이야기하고, 부모의 이야기를 경청하며 적절한 반응으로 자연스럽게 대화를 이어간다.

영유아와 관련된 일화를 이야기한다.

아이의 강점 및 긍정적인 행동에 대한 칭찬, 최근에 관심 있어 하는 부분, 상담 당일이나 최근에 있었던 유아의 에피소드를 이야기하여 친근한 분위기를 만든다. 책상 위에 준비한 개별 관찰일지, 포트폴리오 자료를 보며 관련된 이야기를 하거나 발달상황을 전달하면 부모의 신뢰감을 증진할 수 있다.

부모상담 목적과 취지를 이야기한다.

본격적인 상담을 시작하기 전 교사는 상담을 마련한 이유에 대해 이야기하면 좀 더 효율적인 상담을 할 수 있다.

예를 들어 1학기 초반 상담이라면 영유아의 특성과 발달상태를 들어보고 부모의 생각을 파악한다. "부모님이 저에게 알려주시는 ㅇㅇ이의 정보는 저와 함께 하는 시간 동안 우리 ㅇㅇ이를 이해하고 지도하는 데 많은 도움이 됩니다."라고 상담목적을 이야기한다.

2학기 후반 상담일 때는 "ㅇㅇ이가 1년 동안 성장한 모습들을 함께 나누려고 해요." "ㅇㅇ이를 위해 어떤 점을 더 키워주는 것이 좋을지 함께 생각해 보면 좋겠습니다."라고 할 수 있다. 이렇듯 부모상담의 목적을 알리고, 영유아의 발달을 위해 가정과 기관이 연계하여 일관성 있는 지도의 중요성을 알린다.

영유아의 장점을 먼저 이야기한다.

영유아의 단점이나 고쳐야 할 점을 먼저 이야기하기보다는 장점이나 잘하고 있는 점을 먼저 이야기하여 부모가 좋은 기분으로 상담을 이어나가는 것이 좋다. 영유아에 대한 칭찬은 객관적이고 구체적으로 하여 신뢰할 수 있어야 한다. 영유아에 대한 관찰기록이나 놀이자료를 활용해 이야기하는 것이 효과적이다. 예를 들면, "어머니, △△이가 놀이터에서 놀이를 하다 넘어졌는데 ○○이가 달려와 일으켜주고 괜찮은지 물어보며 도움을 주었어요. ○○이가 친구를 생각하는 따듯한 모습에 놀라고 기특했답니다."

영유아의 구체적 행동을 질문한다.

상담 전 부모조사서에 있는 내용을 미리 숙지하고 영유아 개별 자료를 바탕으로 영유아의 발달과 관련된 전반적인 정보를 교환한다.

예를 들어 "개인 조사서에 ○○가 손톱을 자주 물어뜯어서 고민을 하고 계신 것 같은데 언제 그러한 행동이 얼마나 자주 있었을까요?"라고 물어보면서 행동에 대한 이해를 돕는 질문을 통해 정확히 파악하도록 노력해야 한다. 걱정하고 있는 행동의 모습을 보일 때 부모의 반응은 어떠하였는지, 또는 부모는 어떠한 노력을 하였는지 질문을 통해 부모 자신의 행동에 대해 돌아보도록 하는 것이 좋다. 질문을 할 때에는 "왜" 그렇게 하였나요?보다는 "어떻게" 하면 좋을까요?로 심문하듯이 하는 것이 아니라 편안하고 자연스럽게 이야기가 전개될 수 있도록 하는 것이 중요하다.

상담 시 부모가 자녀에 대해 부정적인 이야기를 하더라고 "걱정하지 마세요. 괜찮아요."라고 단정 지어 이야기하기보다는 "○○이의 그런 행동에 많이 걱정이 되시겠어요. 그런데 ○○이가 언제 그런 행동을 보이나요?" 등 구체적인 행동을 물어보는 것이 중요하다.

영유아의 연령에 따라 부모의 관심사가 다를 수 있다.

3세 아이 경우는 교사와의 애착형성, 분리불안으로 인한 등원문제와 적응문제, 식습관의 걱정 등 기본생활습관에 부모의 관심이 많을 수 있어 영유아의 관찰을 통해 적절히 답을 할 수 있어야 한다. 4세 아이의 부모는 또래와의 관계, 언어발달에 대한 이야기, 놀이의 적극적인 참여 등에 관심이 많을 수 있다. 5세 아이의 부모는 초등학교준비의 정도, 개정 누리과정, 한글, 수에 대한 걱정 등을 많이 하므로, 이에 대한 정보제공뿐 아니라 관련된 설명을 할 수 있어야 한다.

TIP 연령에 따른 부모의 관심사

만 3세

- 교육기관의 적응
- 놀이에 대한 관심
- 급·간식 시간의 태도
- 교사와의 관계(친밀도, 의사소통)

만 4세

- 또래와의 관계 형성
- 놀이의 주도성
- 문제상황에 대한 대처 및 태도

만 5세

- 초등학교 준비에 필요한 생활습관
- 한글, 수 등 지도방법
- 사회성 발달
- 학습적인 부분

부모와 교사가 상담을 통해 나눈 다양한 문제사항에 대한 해결책은 부모가 결정하도록 한다.

중요한 결정은 부모가 내리도록 하여야 한다. 교사의 주관적인 판단으로 결정짓고 단정 지어 이야기하지 않는다. 간혹 부모는 교사가 결정을 내려주길 원하는 경우도 있으나 교사는 부모에게 직접적인 충고나 조언을 하지 않는 것이 바람직하다. 교사의 역할은 부모가 자녀의 행동에 정확히 이해하고 스스로 해결방안을 마련할 수 있도록 돕는 것이다. 교사의 적절한 질문을 통해 해결방안을 찾아가도록 하는 것이 좋다. 교사는 부모와 어떤 방법으로 지도할 것인지 가정과 기관과 연계성을 가지고 노력하면서 지속적인 소통을 하는 것이 바람직하다.

교사는 부모를 격려하고 지지하여 부모의 역할에 대한 자신감을 갖도록 돕는다.

영유아를 가장 잘 알고 이해하는 사람은 부모이다. 부모의 긍정적인 양육에 대한 성공사례를 찾아보도록 하고 자녀를 위해 노력한 부분에 대해 지지해주면 육아에 대한 자신감도 생기고 교사에 대한 신뢰감도 높일 수 있다.

교사는 언어사용을 순화하여 적절히 이야기한다.

영유아에 대해 “공격적이다.” “집중을 못 한다.” 등의 부정적인 어휘사용은 부모 마음에 상처가 될 수 있고 자신의 자녀를 부정적으로 인식한다고 느껴 교사에 대한 신뢰감을 잃을 수 있다. 부정적인 행동의 다른 측면을 보고 부드럽게 이야기할 필요가 있다. 예를 들어 행동이 느린 유아의 경우에는, “차분하고 꼼꼼하다.”고 말할 수 있고, “산만하다.”라는 표현보다는 “활동적이다.”라고 이야기할 수 있다.

전문용어보다는 좀 더 효과적인 언어를 선택하도록 한다.

지나치게 전문용어를 사용하여 전문성 있는 교사로 보이는 것보다는 교사의 전달할 이야기를 부모가 제대로 이해할 수 있도록 효율적인 어휘를 사용하는 것이 상담의 효과를 높일 수 있다.

표 4-19 부모상담 시 교사의 효과적인 문장구성 전환 사례

언어표현	효과적인 언어표현의 예
~적이라는 표현을 찾아보기	잘 뛰어서 놀아요 → 매우 활동적입니다.
~화라는 표현을 찾아보기	매일 매일 잘해요 → 생활화되었습니다.
~감이라는 표현을 찾아보기	조용히 놀이해요 → 안정감이 있습니다.
~성이라는 표현을 찾아보기	얌전해요. → 내향성을 가지고 있습니다.
~력이라는 표현을 찾아보기	그림이 남달라요. → 표현력이 아주 좋습니다.

출처: 박근주 외(2020). 영유아 부모상담 전 이렇게 했어요. p.38~39. 내용 재구성.

교사는 부모와 대화 시 공감과 수용하는 태도를 가져야 한다.

교사는 언어적, 비언어적인 반응으로 주의 깊게 반영적 경청을 하고 공감하도록 한다. 이러한 태도는 부모에게 좋은 인상과 무의식적 믿음을 얻을 수 있고 상담에 집중할 수 있다. 부모는 자신의 양육방법에 대해 상담을 통해 인정받고 싶어 하는 욕구가 있을 수 있으므로 비판적인 태도 보다는 고개를 끄덕이거나 "그러셨어요.!", "아~", "네~" 등의 감탄사로 느낌을 표현할 수 있도록 한다. 교사는 친근감 있고 욕구를 수용하는 태도로 진솔하고 정직한 태도를 보이도록 한다. 팔짱을 끼거나 다리를 꼬고 있거나 턱을 고이는 행동은 삼가야 한다.

교사와 부모의 대화 시 주도권은 교사에게 있도록 한다.

부모의 의견을 듣는 것과 교사가 말하는 부분의 시간을 균형 있게 배분하여야 한다. 부모가 곤란한 질문을 하는 경우에는, 당황스러워하지 않고 차분함을 유지하며 “그 부분에 대해서는 다시 알아보고 언제까지 답변해 드리겠습니다.”라고 답변하는 것이 실수를 줄이는 방법이다.

상황에 따라 부모의 격한 감정(예: 울음, 눈물)이 생길 수 있다.

부모상담 중 감정이 격해져 부모가 울음이나 눈물을 보일 때는 부모의 감정을 공감해주고 가라앉을 때까지 경청해주며 기다리는 마음이 필요하다.

교사는 부모상담 도중에 상담 시 언급된 사항을 기록한다.

부모상담 중 필요한 사항은 가능한 한 기록해 두어야 잊어버리지 않게 되므로 기록하며 상담을 이어나가는 것이 좋다. 기록이 어려울 경우 짧은 메모라도 하였다가 상담이 마무리된 후에 정리하도록 한다.

2) 마무리

마무리를 잘하기 위해서는 갑작스럽게 상담을 끝내지 않고, 그날 상담하면서 나누었던 이야기와 추후 가정과 원에서 연계하여 지도할 부분에 대해 요약을 하고, 교사에게 바라는 점을 묻는 것이 좋다. 그리고 부모상담을 위해 방문해 준 것에 대해 감사 인사를 하는 것으로 마무리한다.

특히 영유아의 행동 지도를 위해 가정과 원이 함께 협력하여 노력할 부분에 대해 다시 정리하며 언급해주는 것이 필요하다. 영유아교육기관에서 교사가 영유아를 위해서 구체적으로 어떤 노력을 할 것이며, 가정에서 부모는 구체적으로 어떤 노력을 할 것인지를 분명하게 구체적으로 이야기를 나눈다.

(1) 부모상담에 대한 평가

부모상담이 마무리되면 교사회의를 통해 부모상담의 전반적인 사항에 대해 평가하는 시간을 갖는다. 부모상담 시 나온 부모들의 의견을 공유하고 지도방안을 함께 논의해 본다.

부모상담은 상담준비와 상담을 실행하고 반영한 후 평가하고 피드백을 가짐으로써 순환적인 과정으로 이루어진다고 볼 수 있다.

표 4-20 부모상담 평가서 예시

20○○년 ○반 부모상담 총 평가서

상담교사		진행기간	
상담아동		상담인원	
상담준비사항			
상담과정			
상담 후 과제 연계활동			
총평			

(2) 자기평가

교사는 자신이 부모상담을 성공적으로 수행하였는지를 확인하고자 개인별 체크리스트나 개인저널의 방식으로 자기평가를 할 수 있다. 자신의 부족한 부분을 확인하고 보완점을 모색해보는 기회를 가짐으로써 다음 상담 시 개선될 수 있으며 부모상담에 대한 전문성을 확보할 수 있다. 부모상담이 끝난 후, 교사가 상담준비와 진행이 성공적이었는지 자기평가를 하면 차후 부모상담을 보다 효과적으로 할 수 있다.

베르거(Berger, 2004)가 제시한 교사의 자기평가 내용은 다음과 같다(김희진, 2006: p.286).

표 4-21 교사 부모상담 자기평가서

자기 평가 내용	그렇다	보통이다	아니다
1. 유아의 가정적 배경에 대해 미리 숙지하였는가?			
2. 다양한 방법을 사용하여 유아에 대한 정보를 얻었는가?			
3. 유아들의 작품이나 학습의 결과물 등을 준비해놓았는가?			
4. 부모가 기다리는 동안 드실 음료나 책을 준비해놓았는가?			
5. 부모를 따뜻하게 환영하면서 맞이하였는가?			
6. 긍정적인 말로 시작하였는가?			
7. 부모의 욕구와 이해수준에 맞게 면담을 조정하였는가?			
8. 상담을 위한 목표가 분명하였는가?			
9. 전문적인 용어는 부모가 이해할 수 있는 말로 풀어주었는가?			
10. 반영적으로 경청하였는가?			
11. 의사소통이 오고 가도록 했는가?			
12. 다른 부모나 유아와 비교하지 않았는가?			
13. 함께 발전방향을 의논하였는가?			
14. 요약하였는가?			
15. 사후점검을 하였는가?			
16. 제 시간에 시작하고 끝났는가?			

출처: 홍길회 외(2016). 사회 가족 변화에 따른 부모교육. p.327.

3) 추후지도

부모 상담이 끝나면 상담일지를 작성한다. 상담 시 부모와 나누었던 내용을 기록하고 정리해둔다. 교사는 부모와의 상담을 통해 나눈 이야기를 바탕으로 영유아의 개별적인 교수 목표와 전략을 세부적으로 설정하고 영유아의 생활 전반에 걸쳐 반영되도록 노력해야 한다. 부모상담의 사후 관리에 대한 구체적 내용은 아래와 같다.

- 상담결과를 요약하여 부모상담일지에 기록한다.
- 1~2주 이내에 교사는 부모에게 연락을 해서 상담 내용에 근거하여 추후 지도를 하도록 한다. 부모가 부탁한 내용을 반영하여 교육을 계획하고 영유아의 행동변화를 부모에게 알려 부모와 친밀한 관계를 유지한다.
- 가능하다면 정기적인 만남이나 전화, 메모, 메일 등을 통하여 영유아의 변화양상에 대하여 부모와 지속적으로 정보를 교환하면 좋다.
- 등원 및 하원 시간에 일상적인 대화를 통해 상담에서 논의되었던 사항을 확장할 수도 있으며, 상담 중 제기되었던 문제와 제안을 후속 활동으로 연계한다.
- 상담내용을 다른 교사나 원장과 공유하면서, 상담내용을 토대로 새로운 교육목표를 설정할 수 있다.
- 부모상담 자료는 새로운 학급으로 진급한 후 새 담임교사에게 인계한다.

부모 상담 시 추후 답변하기로 약속한 것은 지속적으로 연계하여 협력한다. 상담 시 즉시 답변을 못 한 사안이 있으면 주변 인력이나 자료 등을 활용하여 답변할 수 있다.

4) 부모상담 시나리오 예시

<table>
<tr><td>사례</td><td colspan="3">관심을 받으면 말하는 것을 두려워하는 아이</td></tr>
<tr><td>영유아 이름</td><td>이○○</td><td>생년월일(만 *세)</td><td>만 4세</td></tr>
<tr><td>상담 전 확인</td><td colspan="3">〈엄마의 고민〉
○○이는 엄마와 있을 때는 말도 많이 하고 애교도 많지만 다른 사람들과 함께 있는 것을 불편해하고 낯을 많이 가리는 모습을 보인다. 그런 상황에서 더욱 자신에게 관심을 받으면 두려워하고 자신의 생각을 말하는 데 어려움을 느낀다. 가끔 말을 하다 말이 잘 안 될 경우 당황스러워 눈물을 흘리며 힘들어하는 경우를 볼 수 있다. 다른 친구들과 함께 있는 유치원에서의 생활이 어떨지 궁금해한다.

〈○○이의 가족관계도〉
• 아빠 : 만 34세 - 회사원으로 ○○이를 굉장히 예뻐하고 시간이 될 때마다 놀아주려고 노력한다. 꼼꼼하고 완벽을 추구한다.
• 엄마 : 만 31세 - 회사원으로 하율이와의 애착이 잘 형성되어 있고 차분한 성격이다. ○○이를 위해 어떻게 하면 좋을지 걱정한다.

〈교사가 생각하는 아이〉
○○이는 유치원에 잘 적응하고 있다. 침착하고 배려심 많으며 스스로 자신의 일을 할 수 있고 또래와의 관계도 원만하다. 그러나 다른 사람 앞에서 이야기하는 것을 두려워한다. 교사로서 일대일 친밀감을 가지고 상호작용을 하고 있다.</td></tr>
<tr><td>준비사항</td><td colspan="3">입학원서, 부모조사서, 관찰기록지, ○○이의 포트폴리오, 발달검사지, 상담일지, 예상질문목록 등</td></tr>
<tr><td>도입</td><td colspan="3">▶ 선생님 : 안녕하세요. ○○이 어머님! 퇴근길이라 오시는 데 불편하시지는 않으셨어요? 바쁘신데도 이렇게 상담에 참여해 주셔서 감사드려요.
▷ 학부모 : 다행히 차가 막히지 않았네요. 반갑게 맞이해 주셔서 감사해요.
▶ 선생님 : 이쪽 자리에 앉으시겠어요?(문을 등지고 앉도록 안내)
요즘 일교차가 심한 것 같아요. 따뜻한 차를 좀 드릴까요?
▷ 학부모 : 네! 좋아요.
▶ 선생님 : (차를 드린다.) 찬물 조금 섞었는데 그래도 혹시 뜨거울 수 있으니 조심하세요.
▷ 학부모 : 감사합니다.</td></tr>
</table>

	▶ **선생님** : ㅇㅇ이는 지금 어디에 있나요? ▷ **학부모** : 아빠랑 놀이터에 나갔어요… ▶ **선생님** : 아, 안그래도 ㅇㅇ이가 아침에 말했었네요. ㅇㅇ이는 아빠랑 재미있는 시간 보내고 있겠어요. ▷ **학부모** : 네~ ▶ **선생님** : 오늘 놀이시간에 ㅇㅇ이가 아이들과 신나게 놀이하며 만든 작품이 있네요. 세심하게 관찰하며 꼼꼼히 잘 완성해 가는 ㅇㅇ이를 보며 칭찬해 주었답니다. (놀이결과물 제시) ▷ **학부모** : 무척 재미있었겠어요. ▶ **선생님** : ㅇㅇ이는 소근육이 잘 발달되어 있어 오리고 붙이는 것도 아주 잘하네요. 친구들과 잘 지내고 있답니다. ▷ **학부모** : 그러네요. 잘 적응하고 있는 것을 보니 안심이 되어요.
전개	▶ **선생님** : 그럼요. 잘 적응하고 있어요. 요즘 ㅇㅇ이는 집에서 어떻게 지내나요? ▷ **학부모** : 집에서는 아빠가 ㅇㅇ이와 시간이 날 때마다 잘 놀아주려고 하고요. 음식도 잘 먹을 수 있도록 노력하고 있답니다. 그런데 유치원에서 자신의 생각을 잘 이야기하는지 걱정이 되네요. ▶ **선생님** : ㅇㅇ이가 가정에서 잘 지내는 것처럼 유치원에서도 잘 적응하여 또래들과도 잘 지내고 있답니다. 그런데 이전에 어머님께서 부모조사서에 ㅇㅇ이가 부끄러움이 많아서 다른 사람들 앞에 나와 이야기를 두려워하는 것 같다 하셔서 어떻게 하면 자신감 있게 두려움 없이 이야기할 수 있을지 고민하고 있었답니다. ▶ **선생님** : 어머님께서 그러한 고민을 갖게 되신 이유가 있을까요? ▷ **학부모** : ㅇㅇ이가 어릴 때부터 낯을 많이 가렸어서 더욱 걱정이 되더라구요. 아직 어리긴 하지만 다른 사람들 앞에서는 부끄럼도 많이 타고 힘들어하는 모습을 본 적이 있었거든요… ▶ **선생님** : 아, 그러셨군요. 마음이 쓰이셨겠어요. 예를 들면 어떤 상황에서 그랬을까요? ▷ **학부모** : 가족모임에서 오랜만에 만난 친척분들이 말을 걸거나 하면 조금 힘들어하거나 심할 때는 눈물을 보이기도 했었네요… ▶ **선생님** : 그렇군요. ㅇㅇ이가 많이 걱정되셨겠어요. ▷ **학부모** : 네. (끄덕끄덕) ▶ **선생님** : ㅇㅇ이를 그동안 관찰했을 때 잘 적응하고 있는 것으로 보여요. 처음에는 낯도 많이 가리고 활동하는 데 있어서 친구들과 어울려 하는 어려워하기도 했지만 ㅇㅇ와 ㅇㅇ와 어울리면서 잘 지내고 있답니다.

▷ **학부모** : 아, 안 그래도 집에 오면 종종 ○○나 ○○이 이야기를 많이 하더라고요.

▶ **선생님** : 그랬군요. 아주 잘 지내고 있어요. 다만 ○○이가 친구들 앞에서 자신의 생각을 이야기할 때 친구들의 관심이 쏠리는 상황에 당황하고 난처해하는 게 보이더라고요.

▷ **학부모** : 유치원에서도 그렇군요… 부끄럼도 많고 하다 보니…

▶ **선생님** : 다양한 경험을 하면서 조금씩 달라질 수 있을 것 같아요. 그래서 만 3~4세의 아이들은 아직 감정을 조절하는 능력이 아직 미숙한데, 이때 감정을 잘 알기 위해서는 본인이 느끼는 단어로 표현할 수 있도록 아이의 마음을 읽어주고, 이야기를 하는 것이 중요해요. 호기심이 많은 나이라서 다양한 경험을 할 수 있도록 지원해주는 것도 중요합니다. 이제 규칙을 배우는 나이라 일관된 양육방법도 필요합니다.

▷ **학부모** : 네. 노력해야겠네요.

▶ **선생님** : 먼저 이렇게 보시면 ○○이는 기본생활습관이나 신체, 인지 다 연령에 맞게 잘 성장하고 있어요. 다만 ○○이가 친구들 앞에 나와 이야기를 하거나 관심을 받으며 긴장하게 되고 두려움이 있는데 점차 익숙해지고 교사와 부모의 격려를 받으면 점차 자신감이 생길 수 있을 것 같으니 가정에서도 함께 노력해 보아요.

▷ **학부모** : 네. 알겠습니다. 잘 하는 부분을 칭찬하고 격려해주어야겠어요.

▶ **선생님** : 부끄러움을 많이 타는 아이들의 경우는 기질적으로 느리거나 타고난 낯가림이 있는 경우가 있어요. 낯선 사람에게 수줍음을 느끼기도 하고 새로운 환경이나 익숙하지 않은 상황이거나 타인과의 교류 기회가 적어 불안함을 느끼기도 해요. 또한 정서적으로 불안정해서 부끄러움을 느끼기도 하고요. ○○이는 기질적인 면과 유치원이라는 새로운 환경, 그리고 타인과의 교류할 기회가 적어서 그럴 수도 있지 않을까요? 충분한 시간을 갖고 조금씩 천천히 접근 노력해 보아요.

▷ **학부모** : 그렇군요. 어떻게 하는 게 좋을까요?

▶ **선생님** : 우선 다른 사람들에게 ○○이가 낯을 많이 가리고 부끄럼이 많은 아이라는 걸 언어적으로 표현하지 않고. "왜 못 해?"보다는 기다려주고 이해해주시는 건 어떨까요?.

▷ **학부모** : 저의 모습을 반성하게 되네요. 제가 좀 더 노력해야겠어요…

▶ **선생님** : 네. 그리고 무엇보다도 ○○이가 자신의 생각이나 느낌을 이야기하는 것에 익숙해져야 한다고 생각해요. 생각을 꺼내어 말하는 것부터 연습하게 된다면 점차 익숙해지면 지금보다 쉽게 이야기를 꺼낼 수 있을 거예요.

▷ **학부모** : 네.

▶ **선생님** : 원에서는 친구들 앞에서 작품을 소개하거나 발표를 해야 할 때 너의 생각을 다른 친구들에 잘 이야기 해주었다고 칭찬해 주도록 하겠습

	니다. ▷ **학부모** : 네. 감사합니다. ▶ **선생님** : 어머님~ ○○이가 다른 사람 앞에서 말하기를 시도를 했을 때 가정에서도 긍정적 언어로 지지해주시면 좋겠습니다. ▷ **학부모** : 그렇군요. 제가 아이 마음을 너무 몰랐었네요. ▷ **학부모** : 정말 감사합니다. ▶ **선생님** : 원에서도 많이 노력하겠습니다. 조금은 편안한 마음으로 ○○이를 기다려주시고 친척들 앞에서도 잘 이야기할 수 있도록 지금처럼 안아주시면서 긍정적인 언어로 표현해주시면 좋을 것 같아요. ▷ **학부모** : 많이 걱정했는데 말씀 들어보니 많이 안심이 되네요.
마무리	▶ **선생님** : 안심이 되신다니 정말 다행이에요. 혹시 또 다른 고민이나 궁금하신 점이 있으신가요? ▷ **학부모** : 아뇨 괜찮습니다. ▶ **선생님** : 제가 상담준비하면서 어머님께 도움 되실 자료 준비해 두었거든요. 집에 가셔서 상담 내용이 생각 안 나실 수도 있고 해서 방금 어머님께 말해드렸던 것을 정리한 것과 연령에 대한 자녀양육 방법에 대한 자료인데 가져가셔서 읽어보셔도 좋을 것 같습니다. ▷ **학부모**: 네, 감사합니다. ▶ **선생님**: 네 혹시 궁금하시거나 고민 있으시면 원아수첩에 적어주시거나 연락주세요. ▷ **학부모**: 선생님 너무 감사드립니다. 잘 부탁드려요. ▶ **선생님**: 네 어머님. 조심히 들어가세요.

PART 03

부모상담 사례

1. 편식하는 아이(만 2세/여아)

수진이는 점심시간에 채소나 콩을 먹지 않으려고 한다. 고기류에 섞인 채소도 골라서 교사 몰래 책상 아래로 떨어트리거나 콩밥이 나올 때는 콩밥도 떨어트린다. 교사가 수진이에게 채소를 먹도록 권유하면서 기다리다 잠시 시선을 돌리면 입에 있던 채소를 바로 뱉어버린다. 수진이 책상 아래는 늘 음식물들이 떨어져 있다.

위 사례에서 수진이는 자신이 좋아하는 반찬만을 먹고 채소나 콩을 먹지 않으려고 하는 모습을 보인다. 수진이와 같이 자신이 좋아하는 음식만 먹으려 하고 다른 음식을 먹지 않으려고 고집을 피운다면 혹시 영양에 문제가 발생하지 않을까 하는 염려가 생길 수 있다. 그러나 아이가 자신이 좋아하는 음식만을 섭취한다고 해서 영양적 부분에 큰 문제가 발생하지는 않는다. 다만 아이가 자신이 고집하는 음식만 섭취하게 되면 성인이 되어서도 그러한 식습관이 형성될 수 있다. 따라서 아이가 다양한 음식을 경험할 기회를 제공하여 익숙해질 수 있도록 하는 것이 필요하다.

영유아의 바른 식습관 지도를 위해 먼저 생각해야 할 것은 먹기 싫어하는 아이의 마음을 이해해야 한다. 2~5세의 영유아는 음식에 맛을 느끼는 혀 감각기관인 미뢰(taste bud)가 성인보다 3배 정도 높은 수치를 갖고 있어 음식의 맛을 더욱 강렬히 느낄 수 있다. 이러한 맛의 감각 때문에 영유아는 음식의 질감이나 조리 방법에 따라 자신의 선호도를 분명하게 보이고 고집을 피우게 된다. 따라서 성인의 관점에서 균형 잡힌 식습관 지도를 위해 아이가 싫어하는 음식을 억지로 먹인다면 오히려 그 아이는 그 음식에 대한 거부감이 생겨 평생 먹지 않을 수 있다. 영유아 식습관 지도를 위해서는 싫어하는 음식을 억지로 먹이지 말고 스스로 먹을 수 있도록 다양한 방법을 제시하는 것이 좋다. 만약 아이가 채소를 먹지 않는다면 싫어하는 채소에 대한 정보를 제공하거나 채소를 경험할 수 있는 활동을 하는 것도 좋은 방법이다. 예를 들어 토마토를 먹지 않는 경우, 토마토와 관련한 사진이나 그림책을 보면서 이야기를 나누거나 토마토를 가지고 오감을 이용한 활동을 함으로써 아이의 흥미를 유발할 수 있다. 아이들은 낯선 음식에 대한 두려움이 있으므로 이러한 마음을 이해하여 점차 적으로 낯선 음식과 익숙해질 수 있게 경험을 제공하는 것이 필요하다. 식사를 한다는 것은 즐겁고 편안한 가운데 이루어져야 할 행동이다. 아이의 식사 지도는 이런 부분이 먼저 우선시 되어야 한다. 효과적인 영유아의 식습관 지도를 위한 방안은 다음과 같다.

첫째, 싫어하는 음식을 억지로 먹이지 말고 스스로 먹을 수 있도록 한다.
둘째, 편안하고 즐거운 식사 시간이 될 수 있는 분위기를 형성한다.
셋째, 아이에게 음식에 대한 선택권을 주어 스스로 선택할 수 있도록 하고 평소 먹지 않는 음식을 조금이라도 시도하는 모습을 보이면 칭찬과 격려로 긍정적인 상호작용을 한다.
넷째, 아이가 먹지 않는 음식에 관심을 가질 수 있도록 다양한 조리 방법을 사용한다.
예를 들어 삶은 채소를 먹지 않는다면 튀김으로 조리하거나 크기를 작게 잘라 볶음밥에 섞어준다.
다섯째, 아이와 같이 식사를 준비하거나 식사를 맛있게 먹는 모습을 보여준다.

아이가 싫어하는 음식을 친숙하게 만드는 방법 중 한 가지로 푸드브릿지(Food Bridge) 기법이 있다. 푸드브릿지(Food Bridge) 기법이란 같은 재료를 다양하게 단계별로 제공함으로써 싫어하는 음식을 친숙하게 만드는 방법이다(보건복지부, 2013). 교사는 부모 상담 시 이러한 기법이나 식습관 지도 방법을 제시함으로 가정에서의 영유아 편식 지도에 도움을 줄 수 있다.

영유아가 음식을 섭취하는 것은 건강과 영양뿐만 아니라 평생에 식습관을 형성함으로 중요하다. 영유아가 바른 식습관을 형성하기 위해서는 기관과 가정에서 식습관에 관한 동일한 수준과 목표를 가지고 서로 협력해야 한다.

표 3-1 푸드브릿지(Food Bridge) 기법

단계	내용	예시
1단계	싫어하는 재료를 놀이도구나 식기로 활용해 시각적으로 친숙하게 만들기	파프리카를 용기로 하여 계란찜 만들기
2단계	재료를 알아볼 수 없게 하되 모양이나 색 등으로 호기심을 자극하기	파프리카로 만든 칼국수
3단계	영유아가 거부감을 갖거나 골라내지 않도록 다른 재료와 섞어서 주기	파프리카 고기전
4단계	셰이크나 셔벗으로 만들어 본연의 맛을 느낄 수 있도록 하기	파프리카 셰이크

출처: 보건복지부(2013). 영유아문제행동지도를 위한 어린이집 보육교사지침서. p.62.

2. 친구를 깨무는 아이(만 1세/남아)

만 1세 쌍둥이 형제인 진수와 진범이는 자신이 가지고 싶은 놀잇감을 또래 친구가 가지고 있으면 달려가 빼앗으려고 한다. 또래인 민수가 자동차를 교구장 안에서 꺼내 매트 위에 놓는 것을 보자 진수는 달려와 빼앗으려고 한다. 민수가 뺏기지 않으려고 자동차를 품에 안고 있자 진수는 머리를 밀면서 민수의 팔을 깨문다. 민수가 울음을 터트리면서 자동차를 내려놓자 진수는 가지고 반대쪽으로 가버린다. 진수와 진범이는 자기가 원하는 놀잇감을 친구들이 가지고 있으면 빼앗으려 하고 마음대로 안 되면 깨무는 행동이 반복해서 발생하고 있다.

위 사례에서 진수와 진범이는 자신이 가지고 싶은 놀잇감이 있으면 뺏거나 무는 행동을 보인다. 영아는 발달단계 상 집단생활에서 다른 친구와 놀잇감을 나누어 쓰는 방법이나 적절한 방법을 모를 수 있다. 영아의 깨무는 행동은 주의의 관심을 끌기 위해서나 자신의 욕구가 받아들여지지 않을 때, 이가 나서 무언가를 깨물고 싶은 욕구를 느낄 때 나타날 수 있다. 따라서 영아가 왜 깨무는 행동을 하는지에 대해 자세히 살펴보는 것이 필요하다.

영아의 깨무는 행동은 예방이 중요하다. 영아의 곁에서 주의 깊게 살피면서 상황이 발생하지 않도록 미리 대비하고 상황이 발생하는 경우 재빨리 격리하여야 한다. 영아의 깨무는 행동은 허용될 수 있는 일이 아님을 분명히 해야 한다. 허용되지 않는 행동임을 언어로 설명하면서 행동으로 보여주고 적절한 행동을 대안으로 제시해주어야 한다. 위 사례에서 진수와 진범이는 자신이 가지고 싶은 놀잇감을 친구가 가지고 있으면 뺏으려 하고 자신에 뜻대로 되지 않으면 깨무는 행동을 하는 것을 볼 때 친구와 놀잇감을 나누어 쓰는 방법을 몰라 나타나는 행동인 것으로 보인다. 영아의 깨무는 행동지도를 위한 방안은 다음과 같다.

첫째, 영아의 깨무는 행동에 대해 단호한 태도로 허용되지 않는 행동임을 전달해야 한다.

영아의 감정이나 상태는 공감해주면서도 깨무는 행동에 대해서는 단호해야 한다.

"○○이의 장난감을 친구가 가져가도 물면은 안돼."

둘째, 깨무는 행동으로 인해 깨물린 친구가 아프고 속상한 감정을 읽어준다.

"○○이가 물어서 친구가 아프겠다."

셋째, 깨물지 않고 적절하게 나누는 행동을 할 수 있도록 대안을 제시하며 지도한다.

"친구에게 나도 가지고 놀고 싶어 하고 말해주렴."

넷째, 영아가 무는 행동을 하지 않고 바람직한 행동을 할 때마다 칭찬하고 격려해주는 것을 통해 긍정적 행동을 강화해 준다.

"친구랑 같이하고 싶어서 빌려주었구나. 재밌겠다."

영아는 발달상 친구와 나누기 활동을 하기 어려운 시기이지만 반복적으로 나누는 것에 관해 언어나 행동을 통해 시범을 보여주고 그러한 행동을 할 때마다 칭찬하고 격려함으로써 강화할 수 있다.

3. 엄마와 잘 떨어지지 못하는 아이(만 2세/여아)

28개월 된 민아는 등원할 때 엄마의 손을 잡고 놓지 않는다. 맞벌이인 엄마가 민아의 손을 놓으려고 하면 엄마의 옷자락을 붙잡고 놓지 않는다. 엄마가 민아를 달래보려고 이런저런 이야기를 해도 고개를 흔들면서 엄마의 옷자락을 더욱 꽉 잡는다. 교사가 민아의 손을 잡으면서 엄마의 손을 놓게 하자 민아가 울음을 터트린다. 출입문을 바라보며 우는 민아를 교사가 안아서 달래며 교실에 들어가도 울음을 멈추지 않는다. 교사가 인형을 민아에게 보여주며 "민아야 친구 인형이 너랑 놀고 싶다고 하는데 어떻게 하지?"라고 말을 걸어도 반응하지 않는다. 민아는 다른 친구들이 놀이하는 모습을 바라보며 계속 울음을 멈추지 못한다.

부모와의 애착이 약하고 부모가 자신의 요구에 대해 즉각적인 반응을 할 것이라는 믿지 못하는 경우 영유아는 분리불안을 보일 수 있다. 위 사례에서 민아는 엄마와의 분리 시 힘들어하며 분리 상황에 대해 수용하지 못하는 모습을 보인다.

영유아는 생후 4, 5개월부터 분리-개별화 단계를 시작하여 처음에는 눈에 보이는 엄마를 안전기지로 삼아 세상으로 나아가게 된다. 영유아의 대상항상성이 성취된 후에는 안전기지인 엄마가 눈에 보이지 않아도 '내적인 어머니상'을 안전기지로 삼아 사회적 상황에 적응하는 모습을 보이게 된다. 대상항상성은 주 양육자와의 애착 관계에서 성취되며 안정 애착은 영유아의 욕구와 필요, 감정과 정서에 대한 양육자의 민감한 반응을 통해 형성된다(이하원 외, 2021).

주 양육자인 엄마와 헤어지기 힘들어하는 원인으로는 다양한 원인이 있다. 가장 큰 원인으로는 주 양육자인 엄마와의 불안정 애착으로 자신의 애착 대상인 엄마와 분리되는 것에 대한 두려움 때문에 나타난다. 이외에도 교육기관에 변화가 있거나 가족에 생활의 변화, 예를 들어 동생을 출산한 경우나 엄마의 근무시간이 늦어지거나 변경되는 경우도 두려움과 불안감으로 인해 분리불안이 나타날 수 있다. 또한 가정에서 애정과 관심을 독차지하거나 부모가 과잉보호하는 경우에서도 분리불안이 나타나게 된다. 부모와 떨어지기 힘들어하는 영유아의 지도 방법은 다음과 같다.

부모-자녀 지도 방법

첫째, 영유아의 분리불안은 다양한 원인과 형태로 나타나므로 부모와 교사는 영유아의 상태를 이해하고 공감하는 태도로 접근한다.

둘째, 양육자는 자녀와 헤어질 때 도망가듯 사라지지 말고 인사를 하고 헤어진다.

셋째, 양육자는 자녀와 약속한 하원 시간에 맞춰 데려오는 것을 통해 자녀에게 신뢰감을 주고 헤어짐과 만남에 대해 익숙해질 수 있도록 한다.

넷째, 자녀와 분리 후 다시 만날 때에는 따뜻하게 안아주고 유치원 일과에 대한 상호작용을 통해 분리에 대해 자녀가 편안하게 받아들일 수 있도록 한다.

교사-영유아 지도 방법

첫째, 교사는 양육자와 헤어지기 힘들어하는 영유아에게 적극적으로 반응하기보다 영유아의 반응을 보면서 서서히 다가가야 한다.

둘째, 교사의 관심을 따뜻하고 긍정적으로 표현하며 영유아의 마음을 읽어준다.

셋째, 영유아가 관심을 보이는 활동에 대해서는 긍정적으로 관심을 표현해준다.

넷째, 교사가 느끼는 감정에 대해서 영유아에게 표현한다. 예를 들어 "ㅇㅇ이가 선생님 도와 주어서 기분이 좋은데 고마워."와 같이 감정을 표현해준다.

교사-부모 지도 방법

첫째, 양육자의 불안하거나 우울해하는 마음을 이해하고 공감해준다. 양육자가 심리적으로 느끼는 어려움에 대한 고충을 들어줌으로써 감정을 발산할 수 있도록 도움을 준다.

둘째, 부모-자녀의 관계에서 발생하는 분리불안에 대한 해결방안을 함께 고민하고 이에 관한 정보제공을 해 준다. (분리불안을 극복할 수 있는 상호작용이나 놀이 등)

셋째, 교사는 양육자에게 자녀가 기관에서 지내는 동안의 상태에 대해서 구체적으로 알려줌으로써 양육자의 불안감이나 자책감을 감소하는 것에 도움을 줄 수 있다.

TIP 분리불안 체크리스트

- 유아기관에 등원할 때 울음을 터트린다.
- 엄마가 자신의 시야에서 사라지면 불안해한다.
- 유아기관에 가기 싫다는 말을 자주 한다.
- 유아기관에서 있었던 일을 잘 이야기하지 않는다.
- 유아기관에서 있었던 일 중 부정적인 일만 이야기한다.
- 내일 유아기관에 가야 한다고 이야기하면 싫어한다.
- 유아기관에 가기 싫다고 떼를 쓴다.
- 유아기관에 갈 때 배가 아프다거나 머리가 아프다고 한다.
- 유아기관에서 돌아오면 내일은 안 가겠다고 한다.
- 유아기관보다 엄마와 있는 것이 좋다고 자주 이야기한다.

※ 체크 항목이 3개 이하이면 정상, 4~7개이면 주의를 요하는 상황, 8개 이상이면 분리불안 장애가 의심됨.

출처: 신의진(2011); 태진미 외(2020). 영유아문제행동의 이해와 지도. 재인용. p.296.

4. 아기 때부터 쓰던 물건에 집착하는 아이(만 1세/남아)

22개월 된 건우는 자신에 인형인 푸우를 안고 매일 등원한다. 건우는 푸우 인형을 한 손에 들고 다른 한 손으로 블록을 돌린다. 간식시간이나 점심시간에 손을 씻으러 이동할 때도 푸우 인형을 가지고 간다. 교사가 "건우야 푸우가 있어 손 씻기 힘들 것 같은데, 선생님이 잠깐 들고 있을까?" 하면 건우는 고개를 흔들면서 인형을 뒤로 감춘다. 건우는 푸우 인형을 세면대 위에 올려놓고 손을 닦고 다시 가지고 간다. 낮잠을 잘 때도 푸우를 안고는 있지만 잠이 금방 들지는 못한다.

위 사례에서 건우는 자신의 인형인 푸우에 대하여 대물애착을 보이고 있다. 대물애착은 영유아의 정상적인 발달 과정에서 나타나는 현상이므로 과도한 걱정이나 불안은 오히려 영유아에게 불안감을 줄 수 있다. 다만 과도한 집착의 모습을 보이는 경우 심리적이거나 가정관계에 문제가 있는지 자세히 살펴보고 이에 따른 적절한 지도가 필요하다.

영유아는 대물애착을 통해 자신의 안전기지로 삼아 심리적인 불안감을 해소하기도 한다. 즉 부모와의 안정이 불안정 애착이거나 부모가 비일관적 양육태도를 보이거나 바람직한 상호작용이나 수용을 하지 않는 경우 영유아는 불안감을 가지게 되고 이러한 심리적 불안감을 해소하기 위해 자신이 편안함을 느끼는 대상을 찾게 된다.

영유아의 이러한 행동을 위한 지도 방법은 다음과 같다.

첫째, 영유아가 집착을 보이는 물건에 대한 반응을 허용해 준다. 영유아가 집착을 보이는 물건에 대해 언제든 원하는 만큼 가지고 있을 수 있도록 허용한다.

둘째, 다른 물건이나 또래와의 새로운 놀이를 제시함으로써 다양한 자극에 노출하게 한다.

예를 들어 위의 사례에서처럼 인형에 대해서 집착을 보이는 경우, 교사는 인형을 이용한 놀이를 제시함으로써 영유아의 관심을 유도할 수 있다. "건우야~ 푸우가 자고 싶은 것 같은데, 푸우가 누울 수 있는 멋진 침대를 만들어 볼까?" 하면서 블록에 관심을 갖도록 자극할 수 있다.

셋째, 영유아에게 집중하고 눈을 맞추며 이야기를 하고 감정을 표현함으로써 영유아가 교사와 긍정적인 애착을 형성하고 안정감을 가질 수 있도록 한다.

5. 자위를 표출하는 아이(만 3세/여아)

낮잠 시간이 되어 이불 위에 누울 때 은지는 똑바로 누워 있다가 2~3분 지나면 엎드리는 자세를 취하며 두 손을 배 아래에 넣고 몸을 비비는 행동을 한다. 교사가 무심하게 "은지야 잠은 하늘을 보며 똑바로 누워서 자는 게 편하겠다"라고 말하면 다시 똑바로 눕는다. 그러나 2~3분 지나면 또다시 엎드리어 똑같은 행동을 한다. 교사가 다가가서 "은지야 아까처럼 똑바로 누워볼까?"라고 하면 다시 돌아눕다가 잠이 든다. 낮잠 시간에 매번 은지가 엎드려 몸을 비비는 행동을 시작하려고 하면 교사는 곁에서 토닥여주며 잠을 재운다.

자위하는 행동은 남녀 성별에 다른 몸의 차이가 발생할 때 유아들 사이에서 흔히 나타날 수 있는 행동이다. 단순히 자신에 성기를 만지며 놀다가 즐거움이나 기분 좋은 감정을 느끼면서 반복적으로 하게 된다. 이러한 행동은 무료하거나 심심한 경우에도 발생할 수 있다. 위 사례에서 은지 경우도 낮잠을 자기 싫은데 자야 하는 상황에서 무료하고 심심해 나타나는 행동으로 보인다.

자위는 자신에 신체 탐색에 따른 정상적인 행동이기 때문에 너무 염려할 행동은 아니지만, 너무 집착하며 자주 한다거나 혼자가 아닌 여럿이 있는 곳에서 하는 경우는 문제가 될 수도 있다. 또한 유아들은 자신의 행위에 대한 이해가 부족하여 막연한 죄의식을 가질 수 있다. 자위는 유아 사이에서 흔한 행동이지만, 유아가 부적절한 상황이나 장소에서 자위행위를 하는 것에 대해서는 교사의 지도가 필요하다.

유아가 자위행위를 할 때는 어떠한 상황에서 얼마나 자주 하는지에 대한 관찰을 토대로 원인을 살펴보아야 한다. 만일 아이가 무료하거나 욕구를 해소하기 위해 자위를 한다면 이에 대해 다른 방향으로 해소할 수 있도록 해결방안을 제시해주어야 한다.

유아가 자위행위를 하고 있을 때 아이의 이름을 크게 부르거나 손을 잡아 빼거나 "하면 안 돼" 하는 식으로 직접으로 이야기를 하면 유아에게 죄책감이나 불안감을 줄 수 있다. 따라서 유아가 그러한 행동을 하는 경우, 어깨를 두드리거나 손을 살며시 만지는 행동을 통해 제한할 수 있다. 유아가 무료함을 느껴서 할 때는 흥미를 가질 수 있는 다른 활동을 제시함으로써 다른 행동으로 환기할 수 있다.

유아의 자위행위에 대한 지도 방법은 다음과 같다(대구광역시교육청, 2015).

첫째, 연령에 맞는 성교육을 실시한다.

- 만 3~4세는 먼저 몸의 소중함을 알려준다. 성에 관한 관심이 생겨나는 때이므로 생식기에 관한 질문을 할 때, 무시하거나 엉뚱한 대답을 하지 않는다.
- 만 5~6세는 유아 스스로 몸을 보호해야 함을 가르친다. 유아어 말고 정확한 생식기의 명칭 및 생명 탄생의 원리에 대해 보다 구체적으로 알려주고 구체적인 용어나 내용은 동화책을 이용해 설명하는 것이 좋다.

둘째, 바른 잠자리 습관을 갖도록 한다.

- 오랫동안 누워 있게 말고 바로 일어나 활동하도록 하고 잠잘 때 바로 잠들 수 있도록 한다.

셋째, 피부 건강을 확인해본다.

넷째, 자녀의 옷이 몸에 너무 달라붙지 않는 편안한 옷을 입혀준다.

유아의 자위 행동은 행위 자체가 문제가 되는 것은 아니다. 문제가 되는 것은 다른 아이들과 어울리지 않고 하루에 여러 번 자위 행동을 하거나 주변 환경이나 사람을 의식하지 않고 집착하는 경우이다. 유아의 이와 같은 행동은 부모의 관심과 사랑이 필요하거나 외롭거나 심심하거나 억압된 감정을 느낄 때 나타날 수 있다. 따라서 유아의 자위 행동을 발견했을 때 아래의 관찰 내용을 토대로 행동의 지속상태나 감정상태를 살펴보고 이에 따라 지도하는 것이 필요하다.

TIP 자위행동 시 관찰 내용

첫째, 유아는 주로 언제 자위 행동을 하는가?
- 하루 중 아무 때나 예측 불가능하게
- 하루 종일
- 낮잠 시간 동안
- 아침에
- 하루가 끝날 무렵
- 자유 놀이 활동 시간에
- 유아들이 경청하려 조용히 앉아 있을 때
- 전이 시간에

둘째, 어디에서 자위 행동을 하는가?
- 실내에서
- 밖에서
- 낮잠용 침대나 매트에서
- 화장실에서
- 역할 놀이 또는 극놀이 영역에서

셋째, 자위 행동을 얼마나 오래 하는가?
- 매우 짧게
- 한 번에 몇 분 동안
- 긴 시간 동안
- 잠이 들 때까지
- 심지어 잠이 든 후에도

넷째, 자위 행동을 하기 전에 어떤 일이 먼저 일어나나?
- 활동에 몰두하지 않는다.
- 혼자 논다.
- 기분이 상해 보인다.
- 피곤해 보인다.
- 진행 중인 활동에 관심을 표하지 않는다.

다섯째, 유아가 자위 행동을 할 때 어떤 일이 생기는가?

- 멈추라는 말을 듣는다.
- 누군가 자기를 지켜보고 있는지 돌아본다.

여섯째, 자위 행동에 관해서 유아는 어떻게 말하는가?

- 부정적인 어투로
- 죄책감 든 어투로
- 자위 행동에 관해 관심을 불러 모으는 방식으로
- 사실적으로

출처: 정갑순 외(2017). 나를 좀 도와주세요. p.253.

6. 던지는 행동을 하는 아이(만 1세/남아)

21개월인 지수는 주변의 놀잇감을 가지고 놀이하는 경우가 거의 없다. 친구들이 놀이하는 모습을 보면 놀잇감을 들고 있다가 던진다. 교사가 던지지 못하도록 제지하면 지수는 웃으면서 놀잇감을 계속 던진다. 친구들이 지수를 향해 "야 던지지 마"라고 하면 친구들이 가지고 놀고 있던 놀잇감을 주워서 다시 던진다. 교사가 지수의 팔을 잡고 "지수야 놀잇감을 던지면 친구들이 다칠 수 있어."라고 말하면 지수는 교사의 손을 뿌리치고 책상 위로 올라간다.

위 사례에서 지수는 놀잇감을 가지고 놀지 않고 친구들에게 던지는 행동을 한다. 영아들이 놀잇감을 던지는 행동을 하는 것은 다양한 원인이 있기에 행동과 주변 상황을 자세히 관찰할 필요가 있다.

영아는 특별한 이유 없이 재미 삼아 놀잇감을 던질 수 있고 다른 사람의 관심을 끌거나 반응을 보고 싶어서 던지는 경우가 있다. 또한 자신이 던지는 행동을 금지하는 것에 대한 저항으로 공격적인 행동을 한다. 영아는 발달적인 측면으로 볼 때 자신에 행동이 다른 사람에게 어떠한 영향을 주는지에 관한 고려를 하지 못한다.

영아의 던지는 행동은 다른 영아들을 다치게 할 수 있는 행동이므로 허용되지 않는 행동임을 명확하게 알려주어야 한다. 위 사례에서 지수도 자신이 놀잇감을 던졌을 때 또래나 교사의 반응을 보면서 계속 던지는 행동을 하는 것을 볼 수 있다. 이는 자신이 물건을 던졌을 때 다른 사람의 반응이 궁금하거나 재밌어 던지는 행동으로 보인다. 이러한 영아의 던지는 행동의 지도 방법은 다음과 같다.

첫째, 영아들의 발달상 보일 수 있는 행동이므로 이에 대한 영아의 감정을 읽어준다.

둘째, 자신에 행동이 주변 환경이나 사람에게 어떠한 영향을 주는지 알려준다.

"지수야, 놀잇감을 던지면 망가져서 가지고 놀 수가 없어."

"지수가 던진 놀잇감을 친구들이 맞으면 많이 아파."

셋째, 던지는 행동은 허용되지 않는 행동임을 분명하게 한다.

"지수야, 놀잇감은 던지면 안 돼."

넷째, 놀잇감을 던지지 않도록 적절한 대안 활동을 찾아 제시한다.

"지수야, 우리 공(헝겊 공)을 한 번 저쪽에 던져 볼까?"

다섯째, 던지는 행동을 중지하고 적절한 행동을 하면 칭찬하고 격려를 해 준다.

영아가 놀잇감을 분노로 인하여 던지는 경우가 있으므로 자신의 감정을 적절하게 표현하고 조절할 수 있도록 이야기하고 지도하는 것도 필요하다.

7. 언어발달이 늦은 아이(만 1세/남아)

20개월인 재민이는 그림책 보는 것을 좋아하고 자신이 좋아하는 책을 가지고 와서 "이이"라는 소리를 내며 읽어 달라는 표현을 한다. 재민이가 가져온 그림책을 교사가 읽어주면 가만히 듣고 있다가 재미있으면 다시 읽어달라고 "이이"라고 한다. 교사가 "선생님이 다시 읽어줄까?"라고 하면 물으면 "네"라고 대답한다. 재민이가 한 단어를 따라서 말할 수 있도록 그림책의 그림을 가리키며 "이게 뭐지?"라고 물으면 대답이 없다. 교사가 그림책 그림을 보여주며 "고양이"라고 따라 해 보자고 하고 "고양이"라고 말하면 교사의 말끝에 '이'라고만 말한다. 재민이는 친구들과 놀이 참여를 잘하고 친구들이 하는 말은 알아듣는다. 그러나 질문을 하거나 재민이 하고 싶은 것에 대해 물어보면 모든 대답은 "네"라는 단어만 사용한다. 하원 시 엄마가 데리러 올 때 교사가 "재민아, 엄마 오셨다."라고 이야기하면 "엄마?"라고 대답은 한다. 재민이는 위로 누나가 있고 부모님 두 분 다 직업이 교사이시다. 평소 또래 관계의 형성이 원만하고 놀이 참여도 잘해서 크게 문제 삼지 않았으나 서로 주고받는 대화가 이루어지지 않다 보니 자신에 의견을 표현하는 것이 어렵다.

영아들은 생후 1개년이 지나면서 습득하는 단어의 수는 급격히 증가하며 언어의 모방 능력도 빠르게 증가한다. 일상의 물건을 말하면 지적을 할 수 있으며 '이게 뭐야?'라는 질문을 이해한다. 그러나 영아의 언어발달에는 개인차가 있기에 각각 영아의 발달상황을 확인하고 현재 발달에 맞는 언어를 사용하고 있는지를 살펴보는 것이 중요하다.

언어발달에는 수용언어와 표현언어가 있는데 수용언어는 "누구야?"라는 질문을 했을 때 그것에 관해 이해하는 것이며 표현언어는 단어를 모방에서 말하거나 "주세요"라고 자신의 욕구를 표현하는 것이다. 위 사례에서 재민이는 교사가 질문을 했을 때 질문에 관한 이해를 하고 "네"라고 대답을 하였으나 "고양이"라고 단어를 따라서 말하게 하였을 때는 대답을 하지 못하였다.

영아가 또래에 비해 어휘 표현력이 부족한 원인에는 영아에게 언어적 자극이 충분히 제공되지 못하거나 어휘를 사용할 기회를 주는 않는 환경인 경우, 기질이 예민하거나 느려서 새로운 환경의 변화를 잘 받아들이지 못해 새로운 어휘습득이 느리거나 제한적인 경우이다. 또한 주의 집중력이나 기억 처리, 기억력 등의 결핍으로도 어휘습득 과정에 문제가 발생할 수 있다.

위 사례의 재민이 경우는 책이나 또래에 관한 관심이 있으며 또래와 교사의 말을 이해하고 있으나 단어를 따라 하거나 주고받는 대화가 이루어지지 않고 있다. 영아의 언어발달 시기는 개인에 따라 차이가 발생할 수 있으나 또래에 비해 상대적으로 언어발달이 부족하기에 현재의 발달상태를 점검하는 것이 필요하다. 그러나 만일 영아가 통제와 억압이 많은 양육환경이거나 과잉보호로 인해 표현의 기회를 주지 않아 어휘습득이 낮은 경우라면 우선 영아에게 풍부한 어휘환경을 제공하여야 한다. 예를 들어 부모가 영아에게 전혀 말을 하지 않거나 상호작용이 적은 경우라면 부모의 언어를 따라 할 수 있는 환경을 제공받지 못하는 것이다. 또한 영아가 무엇을 말로 요구하기도 전에 부모가 미리 만족시킨다면 언어를 표현할 수 있는 기회를 박탈하게 되는 것이다. 따라서 영아에 언어의 발달이 지연되는 경우, 영아와 부모의 양육 태도, 언어 환경 등을 다각적으로 살펴보는 것이 필요하다. 영아의 언어발달을 위한 지도 방법은 다음과 같다.

첫째, 영유아에게 풍부한 어휘환경을 제공한다. 어휘습득이 부족한 영유아에게는 풍성한 어휘 자극이 제공되어야 한다. 즉 영유아가 관심을 가지거나 선호하는 것을 제공하여 동기를 촉진하여 주는 것이다. 영유아가 책에 관심이 있다면 영아가 가지고 온 책을 반복적으로 읽어주거나 일상에서 사용하는 사물에 대한 어휘를 알려주는 것도 좋은 방법이다.

둘째, 부모와 안정 애착을 형성하여 부모의 언어를 따라 하고자 하는 동기를 갖도록 하는 것이다. 부모가 지나치게 통제적이거나 불안정 애착 유형인 경우, 영유아들은 말을 억제하여 언어습득의 기회를 차단하게 된다.

셋째, 영유아가 말로 표현하기도 전에 요구사항을 들어주지 말고 말로 표현하도록 기회를 제공한다. 영유아가 물을 달라고 요구하기도 전에 양육자가 언어적 표현 없이 물을 주게 되면 영유아는 자신이 표현할 기회가 박탈되며 언어로 요구하지 않게 된다.

넷째, 영유아가 하는 행동을 말로 표현해주거나 구체적 단어 사용을 통한 바른 언어사용의 모델링, 영아가 관심을 가지는 의성어나 의태어에 사용으로 어휘습득 상호작용을 할 수 있다. 예를 든다면 영아가 그림책을 보면서 그림 속의 꽃을 가리키며 "꽃"이라고 했을 때 "그래, 노란 꽃이 예쁘구나."와 같이 구체적 명명함으로써 문장을 소개해 줄 수 있다.

영아의 부정확한 어휘 사용이나 발음은 25~36개월 사이에 자연스럽게 사라질 수 있으므로 너무 걱정하거나 불안해하지 않아도 된다. 그러나 신중하게 살펴보고 걱정되는 부분이 있다면 전문가와의 상담을 통해 아이의 발달상황을 확인해보는 것도 필요하다.

TIP 언어표현력의 발달

구분	시기	내용
음성 발달기	0~10개월	• **울음**: 영아의 울음에는 원인과 의미를 담고 있어 요구와 느낌을 소통하는 수단으로 기능함
		• **가성적 울음**: 생후 3주경 발성이 나타나면서 울음과 유사하나 울음과는 구분되는 소리를 냄
		• **쿠잉**: 순환적 형태의 개별적 소리를 내는 음성화로 상대와의 상호 교환적 발성도 나타남
		• **옹알이**: 생후 7~8개월경 혀와 입술이 발달되면서 자음과 모음이 혼합된 음성적 행동이 나타남
		• **성인이 한 말 모방기**: 10개월경 성인의 말소리를 이해하진 못하지만 의식적으로 모방하는 행동이 나타남
첫 낱말 발화기	10~16개월	• 첫 단어 말하기가 나타나면서 실제 단어를 사용하기 시작함
		• 단어의 발음이 불분명하고 단어의 의미를 성인과 다르게 사용하기도 함
어휘 폭발기	16~24개월	• 어휘가 급증하는 시기로 18개월경 습득 어휘가 20단어 내외이던 것이 2세기경에는 200내지 500단어 정도의 어휘를 습득함

출처: 보건복지부(2013). 영유아문제행동지도를 위한 어린이집 보육교사지침서. p.468.

8. 정리 정돈을 하지 않는 아이(만 2세/여아)

은비는 자기가 원하는 대로 하려고 고집을 부린다. 친구들과 놀이할 때도 다른 친구의 놀잇감을 다 가지고 오고 이에 대해 교사가 지적하면 고집을 부리며 정리하지 않는다. 바깥 놀이를 가기 위해서 가지고 놀던 놀잇감을 정리 정돈하자고 하면 은비는 못 들은 척하며 이리저리 피해 다닌다. 친구가 은비가 들고 있는 놀잇감을 정리하려 하면 은비는 "내 거야" 하면서 고집을 부린다. 교사가 지도하기 위해 은비에게 놀잇감을 정리하라고 해도 놀이를 하면서 정리를 하지 않는다.

정리 정돈을 하지 않는 영유아는 부모가 과잉보호하여 스스로 할 수 있는 일도 부모가 대신하여 정리하는 습관이 형성되어 있지 않거나 영유아의 개인적 특성에 의한 것일 수 있다.

영유아의 개인적 특성으로는 정리 정돈에 신경을 쓰지 않는 영유아, 정리한다고 생각하면서도 하지 않는 영유아, 정리는 자기가 하는 것이 아니라 누군가가 해주는 것이라 생각하는 영유아, 교사나 친구가 보면 정리하다 안 보면 하지 않는 영유아 등이 있다(보건복지부, 2013).

위 사례에서 은비의 경우는 정리하는 습관이 형성되어 있지 않거나 정리는 자기가 하는 것이 아니라 다른 누군가가 해주는 것이라 생각하는 것 같다. 영유아의 정리정돈 지도는 연령별 특성을 고려하여 지도하는 것이 바람직하며 3세 이하의 영유아는 교사가 함께 정리를 하며 지도하는 것이 좋다. 영유아의 정리정돈 지도하는 방법은 아래와 같다.

첫째, 습관적으로 정리를 하지 않는 영유아는 미리 정리 시간의 사전 예고를 통해 유도를 한다. 즉 정리 시간이 되기 몇 분 전에 놀이가 끝날 것을 암시할 수 있는 시계와 같은 시각적인 도구를 사용하여 시간을 알려주고 이에 대한 것을 다른 유아가 알려줌으로써 집중을 유도한다.

예시 "긴 바늘이 5에 가면 정리하는 거예요." 하며 유아에게 알려준다. 시계가 약속한 숫자에 오면 "긴 바늘이 5자에 왔구나. 이제 놀이하던 것을 정리해야 겠다"라고 정리할 시간을 말해준다. 유아 한 명이 교구장 위에 있던 종을 흔들며 "이제 정리할 시간이야." 하며 다른 유아들에게 이야기한다.

둘째, 정리정돈을 잘한 영유아는 구체적으로 칭찬과 격려를 해주면서 영유아가 정리에 잘 참여할 수 있도록 한다. 정리하지 않는 영유아는 하지 않는 것에 대해 지적하기보다는 "ㅇㅇ아, 정리가 안 된 곳이 어딘지 찾아서 얘기해 줄래?"와 같이 자연스럽게 참여할 수 있도록 유도해야 한다.

셋째, 처음부터 너무 힘들고 복잡한 정리를 하게 하기보다는 간단하고 쉬운 정리부터 점차적으로 시도하게 한다.

넷째, 정리정돈은 즐거운 시간이며, 모두 함께하는 활동임을 알게 한다. 정리를 재미있게 하기 위한 게임 같은 방법으로 지도하는 것도 효과적인 방법이다.

TIP 가정에서의 정리정돈 지도 방법

1. 정리정돈을 잘하는 집안 분위기인지 확인한다.

깨끗한 거리에는 쓰레기를 함부로 버리는 사람이 없지만, 지저분한 거리에는 쉽게 쓰레기를 버리는 것처럼 집안이 정리정돈이 잘 되어 있을 때 영유아의 정리정돈 습관을 지도하기가 쉽다.

2. 정리하기 좋은 환경을 만들어 준다.

놀잇감과 그림책 등 영유아의 물건에 적합한 수납장을 준비하고, 각 수납장에 어떻게 놀잇감을 정리할 수 있을지 부모가 함께 정리해 본다. 또한 정리정돈에 관심을 가질 수 있도록 놀잇감 바구니나 수납장을 영유아와 함께 구입하는 것도 좋은 방법이다.

3. 놀잇감을 정리하는 시간을 정한다.

물건이 심하게 뒤죽박죽 섞여 있는 상태에서는 정리하기가 어렵다. 가정에서도 어린이집에서 하는 것처럼 시간을 정해두고 한 번씩 놀잇감을 정리할 수 있도록 한다. 가령 낮잠을 자기 전, 저녁 먹기 전에 가지고 놀이한 놀잇감을 제 자리에 정리하도록 한다. 정리하는 데 시간이 걸리더라도 영유아를 재촉하지 말고 기다려주어야 한다.

4. 집에 있는 모든 놀잇감을 동시에 내주지 않고 적당량의 놀잇감만을 제공한다.

너무 많은 놀잇감을 동시에 제공하는 것은 놀이 활동을 방해하는 요소가 되기도 하고 정리정돈에도 방해가 된다. 영유아가 놀이할 수 있는 적당량의 놀잇감을 제공해주고 나머지는 보이지 않는 곳에 보관해 두었다가 영유가 충분히 놀이 흥미를 잃은 것처럼 보이거나 몇 개월이 지난 후에 교체해주는 것이 바람직하다.

출처: 보건복지부(2013). 영유아문제행동지도를 위한 어린이집 보육교사지침서. p.113.

영유아는 주의집중이 짧고 사물에 대한 호기심이 많아 놀이하는 과정 중에 자연스럽게 어지르게 된다. 그러나 영유아의 창의성 발달을 위한다고 놀잇감을 정리하지 않거나 책을 치우지 않는 것은 바람직하지 않은 행동이다. 정리정돈은 습관이므로 영유아들이 자신이 놀이한 놀잇감을 스스로 정리하는 습관이 형성될 수 있도록 꾸준히 지도하는 것이 필요하다.

9. 대소변을 가리지 못하는 아이(만 2세/여아)

30개월인 서진이는 아직도 기저귀를 차고 생활을 한다. 친구와 놀이 상호작용도 잘 이루어지며 교사와도 대화 시 자기 생각을 적절하게 잘 표현하는 편이다. 교사는 대소변 가리기 시도를 해 보고자 서진이에게 화장실에 같이 가자고 하면 가지 않으려 한다. 교사가 "서진아, 소변 마려우면 선생님께 이야기해"라고 말하면 "네"라고 대답을 한다. 서진이가 소변이 마려울 것 같아 물어보고 변기에 앉히면 대소변을 보지 않는다. 대소변이 마렵지 않은 것 같아 옷을 입히고 나면 소변이나 대변을 본 뒤에 말을 하지 않아 교사는 서진이 기저귀를 자주 확인하며 교체한다. 친구들은 대부분 기저귀를 떼고 있어 어떻게 해야 할지 고민이다.

영유아가 대소변을 가리지 못하고 실수하는 원인으로 크게 세 가지 부분으로 살펴볼 수 있다.

첫째, 신체적 이상이 있는 경우이다. 어린 영유아들은 요로감염에 취약하며 방광이나 대장, 항문에 이상이 있는 경우 대소변을 가리지 못할 수 있다. 따라서 영유아가 통증을 느끼거나 가려워하는 등의 증세를 이야기할 때는 의사의 검진을 받는 것이 필요하다.

둘째, 대소변 가리기 훈련을 너무 이른 시기에 하거나 엄격하고 강압적으로 훈련하는 경우 무의식적으로 실수를 하게 된다. 영유아가 아직 신체적으로 준비가 덜 된 상태인데 너무 성급하게 일찍 대소변 훈련을 하게 되면 처음에는 잘하는 것처럼 보이지만 다시 실패할 수 있다. 또한 대소변 훈련을 시키지 않거나 무관심한 경우에도 배설과 관련된 문제가 발생한다.

셋째, 영유아의 심리적인 문제나 스트레스로 인해 발생할 수 있다. 갑자기 동생을 출생하거나 부모의 불화, 이사, 새로운 기관의 적응 등과 같이 영유아에게 심리적인 스트레스가 생기면 대소변을 못 가리고 실수하는 경우가 발생한다. 또한 부모의 관심과 애정이 부족하다고 느끼는 경우에도 실수를 하게 된다.

그 밖에도 영유아들이 옷을 제때 빨리 벗지 못해 실수하는 경우도 있다. 멜빵바지나 꽉 달라붙는 옷, 작은 단추가 달린 옷 등은 영유아들이 입고 벗기 불편해 실수할 수 있다. 그리고 놀이를 하는 과정에서 놀이에 몰입해 화장실 가는 것을 미루다가 실수하는 경우도 있다.

위 사례에서 서진이는 화장실에 가서 대소변을 하는 것에 대한 낯섦과 아직 대소변 훈련에 대한 준비가 되지 않은 것으로 보인다. 영유아들은 변기에 앉아 대소변을 하는 것에 익숙지 않고 화장실이라는 공간이 춥고 캄캄하기 때문에 무서워할 수 있다. 따라서 화장실에 대해 영유아가 친근감을 느낄 수 있는 공간으로 느끼도록 만들어야 한다.

영유아의 대소변을 가리기 위한 행동의 지도 방법은 다음과 같다.

첫째, 영유아가 규칙적으로 대소변을 볼 수 있도록 화장실에 가는 것을 자주 알려준다. 영유아가 규칙적으로 대소변을 볼 수 있도록 2~3시간 간격으로 화장실에 가도록 일깨워 주고 영유아가 2분 이상 앉아 있어도 소변을 보지 못하면 화장실에서 나오도록 한다.

둘째, 영유아가 실수하지 않고 변기에 대소변을 하면 적극적으로 칭찬을 한다. 영유아가 바지에 쉬를 하지 않고 변기에서 시도한 행동에 대해 영유아 앞이나 다른 또래 영유아 앞에서 그 행위에 대해 높이 평가하며 자랑스럽게 여기는 것을 알려준다.

셋째, 영유아가 대소변 훈련 도중 실수가 발생하면 격려한다. 실수했어도 다음에는 잘 할 수 있을 거라는 격려를 통해 시도한 것에 대한 긍정적인 반응을 한다. 때로 영유아 자신도 모르게 실수한 경우, 개의치 않는 태도로 실수에 대해 무시하고 도움을 준다. 영유아가 실수했을 때 화를 내거나 짜증을 내는 태도는 영유아에게 심리적인 불안과 수치심을 줄 수 있다.

생후 3년 이후에는 대소변을 가릴 수 있으나 4~5세까지도 가끔 실수할 수 있다. 따라서 영유아의 대소변을 가리지 못하는 행동이 꼭 병적인 것은 아닐 수 있으며 이보다 심리적인 요인으로 인해 발생하는 경우가 더 많다. 영유아의 대소변 가리기와 같은 문제행동이 발생하지 않게 하기 위해서는 영유아의 발달상태에 따라 준비된 시기에 바람직한 방향으로 지도하는 것이 중요하다.

TIP 편안한 대소변 가리기 원칙

1. 배변 훈련을 할 준비가 되었는지 관찰하기

- 대체로 18~24개월이 되면 항문의 괄약근을 통제하는 능력이 발달하므로 이 시기 이후에 대소변 훈련을 하는 것이 적절함
- 변기에 관심을 보이거나 '응가', '쉬' 등과 같은 배변 관련 용어를 사용하면 배변 훈련을 시도함
- 2시간 이상 지속적으로 기저귀를 적시지 않을 때 시도함

2. 변기와 친숙해지기

- 영유아가 변기를 충분히 탐색할 수 있도록 함

3. 다른 사람 대소변 가리기 관찰

- 친구나 주변 사람이 변기를 사용하는 것을 자연스럽게 관찰할 수 있도록 함

4. 대소변 하기 전/후에 의사표현하기

- 기저귀에 한 후에도 '응가', '쉬'라고 대소변 의사표현을 해보도록 하고 익숙해지면 대소변을 하기 전에 의사표현을 하도록 함

5. 대소변 욕구가 있을 때 변기를 사용 시도하기

- 대소변의 욕구를 발견했을 때 대소변의 확률이 높은 자고 일어난 시간에 변기사용을 권함. 강제로 변기에 앉히거나 변기에 하도록 강요해서는 안 됨

6. 변기에 앉았다가 일어나기만 해도 칭찬하고 격려하기

- 변기에 자주 앉다 보면 변기에 대소변을 하는 횟수도 증가하게 됨. 이때 격려는 대소변 가리기 훈련에 도움이 됨

출처: 여성가족부(2018). 좋은 부모 행복한 아이, 5권 영아 주제2 어떻게 재울까 어떻게 먹일까. p.17.

10. 산만한 아이(만 4세/남아)

민준이는 또래에 비해 활동에 집중하지 못하고 산만하게 움직인다. 한 줄로 이동할 때도 걷는 것이 아니라 종종 뛰듯이 이동을 한다. 교사와 수 교구 1개씩 세보기 활동할 때도 수 교구는 6~7개째인데 말 표현은 열 개로 셈을 끝내 버린다. 민준이는 대화에서도 정확한 표현보다는 몇 단어로 급하게 얼버무리듯 말을 한다. 교사는 민준이 손을 잡고서 천천히 말해보기를 유도하지만 민준이는 잡은 손을 꼼지락꼼지락하며 다른 곳을 쳐다본다. 낮잠 시간에도 이불을 깔아놓으면 후다닥 뛰며 이불에 바로 눕지 않고 돌아다니는 행동을 한다.

영유아 가운데 호기심이 많아 산만하거나 수업에 흥미를 느끼지 못해 주의집중을 하지 못하는 경우가 있다. 그러나 주의가 산만하고 주의집중과 충동을 조절하는 데 어려움을 느끼는 아동의 경우에는 좀 더 세심하게 관찰하는 것이 중요하다. 영유아의 내적 불안으로 기인한 산만함과 주의집중이 부족인지 아니면 뇌의 이상으로 인한 ADHD인지를 구별할 필요성이 있기 때문이다.

일반적으로 ADHD 영유아의 경우 잠시도 가만히 앉아 있지 못하고 손발을 꼼지락거리거나 안절부절못하는 행동을 보인다. 과도하게 돌아다니거나 높은 곳에서 뛰어내리는 행동을 하며 외부의 자극에 쉽게 산만해진다. 기분변화를 예측하기 어렵고 쉽게 화를 내며 물건을 자주 잃어버리거나 부주의하여 실수를 많이 한다. 사회적 상호작용이 부족하고 타인의 마음을 읽지 못하는 등의 심리적인 문제를 동반한다.

영유아가 산만한 행동을 보이는 원인으로는 행동 억제력과 주의력, 새로운 것을 추구하는 행동력과 같은 기질을 통해서 나타나거나 영유아의 관심이 분살 될 수 있는 환경적 요인으로 인해 나타날 수 있다. 또한 가족력이나 영유아가 수행하기 어려운 수준의 과제가 주어지는 경우도 흥미를 잃고 산만한 행동을 보일 수 있다.

위 사례에서 민준이는 주의 집중력이 부족하여 산만한 행동을 하는 것으로 보인다. 대화하는 상황에서도 정확히 표현하지 못하는 것은 주의 집중하여 상대방의 말을 듣지 못하기 때문이다. 수 세기에서도 이같이 집중하지 않기에 실제 교구와 말 표현이 일치하지 않는 것으로 나타난다. 따라서 산만한 영유아를 집중시키기 위해서는 팔을 툭 치거나 얼굴을 손으로 돌려 상대방이 하는 말이나 행동에 집중할 수 있도록 유도해야 한다.

산만한 영유아 지도를 위한 방법은 아래와 같다.

첫째, 일관성 있고 명확한 교육 태도나 양육태도를 통해 영유아가 심리적인 안정감을 가질 수 있도록 한다. 영유아의 산만한 행동은 내적 불안으로 인해 발생할 수 있다. 따라서 기관은 가정과 연계하여 영유아가 해야 하는 적절한 행동에 대해 일관성 있게 지도하고 수용함으로써 안정감을 주어야 한다.

둘째, 영유아가 보이는 산만한 행동이나 충동, 부주의와 같은 문제행동에 대해 적절한 지도 전략을 세운다. 즉 영유아가 어떠한 상황에서 산만하거나 충동, 부주의한 행동을 보이는지 관찰하고 이에 따른 적절한 개입을 한다. 예를 들어 영유아가 산만한 행동을 보이는 활동을 할 때는 교사의 보조자 역할을 주거나 옆에서 교사를 도울 수 있는 일을 줌으로써 주의를 집중시킬 수 있다.

셋째, 부모의 양육 태도나 정서의 영향에 의해 영유아가 산만한 행동을 보일 수 있으므로 부모- 자녀 간의 관계 개선이나 친밀한 상호작용을 위한 정보를 부모에게 제공한다.

넷째, 여러 명의 영유아가 한꺼번에 단체로 놀이 활동을 하는 경우, 더 산만한 행동을 보일 수 있으므로 소규모로 흥미를 가질 수 있는 놀이 자료나 게임을 제공하여 주의집중을 할 수 있게 한다.

다섯째, 교실에서 지켜야 할 규칙을 확실하고 명료하게 설정하여 영유아가 지킬 수 있도록 한다.

과잉행동을 한다고 해서 섣부르게 ADHD로 판단하지 말고 자세하게 관찰한 것을 부모와 소통한 후 전문의의 소견을 종합하여 진단해야 한다. ADHD 아동 및 청소년 진단 및 평가에 대한 전문단체의 권고사항은 아래와 같다.

TIP 대한소아청소년정신의학회 ADHD 아동 및 청소년 진단 및 평가 권고사항

- ADHD의 선별은 모든 아동 및 청소년들의 정신건강 평가의 일부로 포함시키는 것이 바람직하다.
- 부모와 환자에 대한 임상적 면담을 통해 학교 또는 일상생활 기능에 대한 정보를 얻고, 공존 정신장애를 평가하여 의학적 병력, 사회적 및 가족력에 대한 정보를 얻는다.
- 다양한 평가 및 심리검사 진단을 위하여 사용될 수 있으나, 의사의 임상적 판단이 최종 진단에는 필요하다.
- 내과 및 신경학적 병력이 있는 경우, 진단병리학적 감사 또는 신경학적 검사를 실시해 건강 상태를 확인하는 것이 좋다.

출처: 이문수 외(2017); 장기덕 외(2019). 정서 및 행동장애아교육 재인용. p.232.

TIP 산만한 영유아를 위한 놀이활동

✲ 집중력 향상을 돕는 놀이

1. 끝말잇기 게임
2. 신문지나 책 제목 중에서 특정 글자 찾아오기 게임
3. 특정 이름이 나오면 박수 치기 게임
4. 할리갈리 게임
5. 이야기 이어 말하기 게임

✲ 활동성이 높은 아이들을 진정시키는 데 도움이 되는 놀이 및 활동

1. 따뜻한 스킨십과 신체자극 놀이
   아침에 일어날 때 온몸 마사지하기, 자기 전에 팔이나 배 쓰다듬어 주기
   노래 부르며 로션 발라주기, 목욕할 때 붓으로 손바닥 그림 그리기
   발바닥, 손바닥 물감 찍기
2. 숨바꼭질, 텐트 안에 같이 들어가서 안아주기, 이불을 함께 덮어쓰고 이야기 나누기
3. 비눗방울 게임
   비눗방울은 긴장을 완화시키고 스트레스를 줄이는 데 도움이 된다.

출처: 이하원 외(2021). 영유아 문제행동 지도. p.229.

11. 남의 물건을 가져가는 경우(만 3세/남아)

진수는 자유 놀이 시간에 그림 그리기, 종이접기, 활동지, 등을 하고 나면 "가방에 넣고 오겠습니다." 하며 여러 번 나가고 들어오기를 한다. 귀가 시에 진수의 가방을 열어보면 색종이, 색연필, 활동지 등의 유치원 물건이 들어있다. 교사가 가방 안의 색종이와 색연필을 꺼내며 "진수야 가방 속에 이것은 왜 넣었어?"라고 물어보면 진수는 "집에 파란색 색연필이 없어서요. 그리고 색종이는 집에 가서 접으려고요."라는 말을 한다. 교사는 유치원의 물건은 다른 친구들과 함께 사용하는 것이니 집에 가져가서는 안 되는 거라고 알려 주었다. 그러나 진수는 몇 번 주의를 주어도 유치원의 물건을 허락 없이 집에 가지고 간다.

만 3세~4세 미만 유아는 발달상 남의 것과 내 것이라는 소유개념이 명확하지 않기에 물건을 빌리는 것과 훔치는 것의 구별을 못 할 수 있다. 남의 물건을 갖고자 하는 경향은 만 3세경에 최고가 된다. 따라서 아직 소유개념이 형성되지 않은 시기이므로 가져가는 행동에 있어 '도둑질'이라고 단정해서는 안 된다(이하원 외, 2021).

위 사례에서 진수는 유치원에서 사용하는 공용 물건을 집으로 가는 모습을 보인다. 진수의 행동에 대한 교사 질문에 "집에 파란색 색연필이 없어서요."라고 답하는 모습을 보면 진수는 아직 소유개념이 명확하지 않은 것으로 보인다. 즉 인지적으로 아직 미성숙하여 자신의 것과 남의 것을 구분하지 못함으로 인해 물건을 가져가는 행동을 하는 것이다. 이같이 인지적 발달의 원인이 있어 물건을 가져가는 경우는 기관과 부모가 기다려주면서 반복적으로 교육과 훈련을 제공하는 것이 필요하다.

이외에 영유아의 남의 물건을 가져가는 행동의 원인으로는 자신이 가지고 싶은 충동이 조절되지 않거나 또래와 나누어 쓰기보다는 혼자서 다 소유하고 싶은 욕구로 인해 발생하기도 한다. 또한 심리적으로 불안해 관심을 끌기 위한 것이나 애정욕구가 충족되지 못해 불만의 해소로 훔치는 행동을 하기도 한다. 영유아의 훔치는 행동에 대한 지도 방법은 아래와 같다.

첫째, 남의 물건을 가져가는 행위 자체보다 왜 그러한 행동을 하는지에 관한 원인을 먼저 살펴보고 해결할 방법을 찾는다.

둘째, 영유아가 물건을 가져가는 행동을 했을 때 벌을 주거나 위협을 주는 말을 사용하지 말고 우선 영유아가 사실대로 이야기할 수 있도록 한다.

셋째, 영유아의 소유개념이 명확한지 확인 후, 이에 대한 이해가 부족하다면 내 것과 타인의 물건을 구별할 수 있는 물건의 소유에 관해 설명한다.

넷째, 남의 물건을 가져가는 행동은 해서는 안 되는 행동임을 객관적으로 알려준다.

다섯째, 남의 물건을 가져가는 행동에 대해 유아 스스로 잘못된 행동임을 느낄 수 있도록 상호작용한다.

여섯째, 부모-자녀 관계의 애정욕구에 대한 불만으로 인한 행동이라면 부모와 상담을 통해 심리적인 충족을 위한 방안을 의논하여 협력한다.

TIP 영유아의 행동에 관하여 부모님이 지양해야 하는 반응

✱ 협박, 위협적인 표현

예시: "너 한 번만 더 친구물건 가져오면 너 물건 다 갖다버릴 거야."
"너 물건 훔치면 감옥 가야 하니 엄마 아빠랑 이제 살 수 없어."

✱ 충격요법

예시: "너 도둑질했으니까 감옥 가야 해. 엄마랑 경찰서 가자!"

✱ 유아의 자기 이미지를 손상시킬 수 있는 단정적인 표현

예시: "너 정말 사고뭉치다."
"너 도둑이야? 아니잖아! 자꾸 이런 행동 하면 도둑인 거야. 도둑 되고 싶어?"

"엄마가 너 때문에 창피해서 못 살겠다."

❋ 유아를 좌절시킬 수 있는 표현

예시: "이 정도면 정말 엄마도 모르겠다. 널 어쩌면 좋니!"
"도대체 왜 자꾸 이러는 거야! 엄마가 놀아준다고, 사준다고 바쁜데도 나름 노력했는데 이렇게 또 사고를 치다니."

❋ 반어적인 표현

예시: "으이고 잘한다. 잘해~", "왜 더하지 그러니? 아예 그냥 다 가져와!"

출처: 이하원 외(2021). 영유아 문제행동 지도. p.238.

영유아의 정서적 욕구를 충족시킬 수 있는 방안으로 Guerney et al(2013)의 '특별한 놀이시간'을 갖는 것도 도움이 된다. '특별한 놀이시간'은 가족과의 특별한 놀이시간을 갖는 것으로 자녀의 흥미와 관심에 따라 자신의 욕구를 자연스럽게 표현하게 하는 것이다. '특별한 놀이 시간'에는 자녀가 스스로 놀이를 선택할 수 있도록 재촉이나 충고, 설득하지 않는다. 놀이를 통해 자녀의 비언어적 메시지인 표정, 몸짓을 읽어주고 공감하며 경청해 준다. 다양한 놀이 가운데 부모는 상상 속 인물 중 한 역할을 맡아 자녀와 상호작용을 하며 자녀가 원하는 스토리나 역할을 모를 때는 물어보면서 놀이한다. 자녀의 안전이나 보호가 필요한 경우 제한 설정을 하여 자녀에게 제한에 대한 경고나 결과를 시행함으로써 자녀의 욕구 지연이나 욕구 조절을 도울 수 있다.

12. 울면서 문제 상황을 해결하려고 해요(만 2세/여아)

윤희는 22개월로 아직 기저귀를 차고 있으며 또래와의 상호작용이 원활하지 않다. 윤희는 또래들의 블록 놀이를 바라보다가 아무 말 없이 또래의 블록을 가지고 간다. 윤희가 블록을 가지고 가자 또래들은 다시 윤희가 가지고 있는 블록을 빼앗아 버린다. 블록을 빼앗긴 윤희는 울어 버린다. 교사가 다가가 우는 윤희를 달래며 “윤희야, 친구랑 같이 놀고 싶었어?”, “윤희도 블록을 가지고 놀고 싶었구나.” 하며 이야기하지만 계속 크게 울기만 한다. 또래들은 윤희의 울음소리에 힐끗 쳐다보며 놀이에 집중하지 못한다. 교사는 윤희가 진정할 수 있도록 조용한 공간으로 이동하여 울음이 그칠 수 있도록 다독인다. 교사는 울음을 그친 윤희의 손을 잡고 또래들이 놀이하는 것에 같이 참여한다. 윤희는 친구들과 함께 놀이하는 것에 관심을 보이며 어울리려 하다가도 자기 뜻대로 되지 않으면 울어 버린다.

영유아는 자신이 느끼는 불안, 좌절, 무서움, 슬픔, 좌절과 같은 감정에 대한 표현에 울음을 사용한다. 이같이 자신의 감정에 대한 표현으로 울음을 사용하는 것은 문제 되지는 않다. 그러나 지나칠 정도로 매사에 자신의 요구를 울음으로 표현하거나 관심을 끌기 위해 우는 행동을 하는 것에 대해서는 적절한 반응과 지도가 필요하다.

영유아가 우는 행동을 하는 원인으로는 발달상 언어표현이 부족하거나 자신의 감정이나 정서를 조절하는 능력이 부족할 때 나타난다. 또한 자신에 요구를 관철하기 위해, 관심을 끌기 위해, 습관적으로, 잘못을 회피하기 위해서 나타난다. 따라서 영유아의 우는 행동을 자세히 관찰하고 원인을 찾아 대처하는 것이 필요하다.

위 사례에서 윤희는 언어발달이 미흡하여 우는 방법으로 자신이 원하는 것에 관한 표현을 하는 것으로 보인다. 윤희는 친구들과 놀이하고 싶지만, 놀이 참여에 대한 의사 표현 능력이 부족하여 블록을 가져가는 행동을 하고 이에 대한 친구들의 반응이 원하는 방향으로 나타나지 않자 우는 행동을 한다.

윤희처럼 언어표현이 부족하여 우는 행동을 하는 경우 지도 방법은 먼저 영유아가 느끼는 속상한 감정을 이해해 준다. 그리고 우는 방법으로는 자신이 원하는 것을 얻을 수 없음을 알려주고 자신의 요구를 언어로 표현하는 것을 가르쳐 준다. 영유아가 울지 않고 또래와 상호작용하거나 활동을 하는 모습을 보면 칭찬과 격려를 해준다.

영유아의 우는 행동에 대한 지도 방법은 다음과 같다.

첫째, 언어발달이 미흡하여 우는 행동을 하는 경우는 영유아의 속상한 마음을 이해하고 자신의 요구를 표현할 수 있는 언어적 표현을 가르쳐 준다.

둘째, 영유아가 느끼는 불안이나 무서움 등 정서적인 감정으로 우는 경우는 위로해준다.

셋째, 관심을 끌기 위해 우는 경우는 영유아의 울음을 무시한다. 자신의 요구를 관철하기 위해서나 관심을 끌기 위해 우는 행동을 하면 잠시 그대로 두었다가 우는 이유를 물어본다.

넷째, 장시간 영유아가 우는 행동으로 다른 영유아들의 활동에 방해가 되는 경우는 분리할 수 있는 다른 장소를 마련하여 잠시 놔두고 울음을 그치면 언제든 돌아올 수 있음을 이야기한다.

다섯째, 영유아가 울음을 멈추면 그에 대한 반응을 즉각적으로 한다. 영유아가 울음을 언제 멈출지 예상하기는 어려우므로 귀를 기울이고 울음을 멈추면 즉시 달려가 관심을 표현한다.

여섯째, 영유아가 자신이 잘못한 것에 대해 회피를 위한 방안이나 습관적으로 우는 행동을 한다면 울음을 그칠 때까지 단호하게 무시해야 한다.

여섯째, 영유아가 울지 않고 또래와 상호작용하거나 활동에 참여하는 경우 적극적으로 칭찬하고 격려하는 것을 통해 긍정적인 행동을 강화한다.

일곱째, 가정환경의 변화나 부모와의 관계에 따른 불안으로 우는 행동을 자주 보인다면 부모와의 상담을 통해 해결책을 함께 찾아야 한다.

TIP 영유아 우는 행동의 원인 파악하기 위한 관찰 내용

1. 유아는 언제 우는가?

- 하루 중 언제 울지 예측할 수 없을 정도로
- 이른 아침 유아교육기관에 도착하자마자/오후 귀가할 때 무렵
- 낮잠 잘 시간 무렵/교사와 함께 대집단 활동이 이루어질 때
- 자유놀이 활동 시간/바깥놀이 시간/정리정돈 시간
- 작업이나 활동이 끝나는 시간/화장실 가는 시간

2. 유아가 울기 시작하기 전에 무슨 일이 있었는가?

- 자신이 갖고 싶은 것을 다른 유아가 갖고 있다
- 자신이 갖고 싶은 것을 다른 유아가 빼앗아 갔다.
- 친구들이 자신을 놀이에 끼워주지 않았다.
- 다른 유아와 말싸움이나 주먹다짐을 하였다.
- 교사가 유아의 질문에 대답하지 않았다.
- 교사에게 "안 돼!"라는 말을 들었다.
- 유아의 엄마나 아빠가 막 떠났다.
- 작업 활동을 완성하지 못했다.
- 어떤 활동을 하도록 허락받지 못했다./어떤 활동에도 참여하고 싶어 하지 않았다.
- 다쳤거나 아프다고 투정을 한다./혼자 넘어지거나 굴러서 다쳤다.
- 겉으로 분명히 드러나는 자극은 없다.

3. 유아는 울 때 어떻게 하나?

- 문제가 해결되면 울음을 그친다.
- 자기가 원하는 것이 주어졌는데도 계속해서 운다.
- 교사가 말로 위로해 줄 때 울음을 멈춘다.
- 교사가 잠시라도 안아주어야만 울음을 멈춘다.
- 교사가 안아 주거나 달래 주려 해도 듣지 않는다.
- 자기가 우는 이유를 말한다.
- 아무 말도 하지 않고 흐느끼기만 한다.

- 교사가 자기에게 적절한 방법으로 말을 걸 때 반응을 한다.
- 교사가 하는 여타의 타당한 말에 귀 기울이지 않는다.
- 누군가 자기에게 말을 걸어올 때 더 크게 운다.

출처: 정갑순 외(2021). 나를 좀 도와주세요. p.203.

13. 자기표현을 못 하는 아이(만 2세/남아)

민기는 다양한 교구 활동에 관심이 많지만, 또래가 하는 놀이만 따라다니며 같은 방법으로 놀이를 한다. 급·간식 시간에도 자신이 선호하는 식단이 아니면 식판을 바라볼 뿐 먹지 않고 쳐다보기만 한다. 민기가 좋아하는 음식이 나오면 더 먹고 싶은 것 같은데도 표현을 하지 않고 식판을 정리하지 않은 채 앉아 있다. 민기는 교사의 도움이 필요한 상황이 발생하여 도움을 주는 상호작용을 하다가 멈추어도 자기 생각을 표현하지 않는다. 교사가 먼저 민기에게 더 요구사항이 있는지 물어보면 작은 목소리로 "더" 또는 "싫다"는 표현을 한다.

위 사례에서 민기는 자신이 원하는 것에 있어 자기표현을 하지 못하는 모습을 보인다. 이처럼 다른 사람에게 자신을 표현 못 하는 것은 부끄러움이 많은 기질이거나 언어적 표현력이 부족하거나 다른 사람의 판단을 지나치게 의식하는 경우이다.

영유아는 다른 사람과의 상호작용을 통해 자기표현을 배우게 되고 자신의 감정과 욕구에 대해 존중받을 때 자신의 의견을 표현하게 된다. 위 사례와 같이 자신이 좋아하는 것에 대해 더 달라고 요구하는 자기표현조차 어려운 경우는 영유아가 심리적, 언어적 원인이 있는지 살펴봐야 한다.

부모의 양육태도가 권위적이거나 통제적인 경우, 대화나 상호작용에 있어 부정적인 피드백을 받은 경험이 많은 경우에 위축되어 아예 말을 하지 않는 것을 선택할 수 있다. 또한 부모가 자녀의 말을 경청하지 않거나 수용하지 않는 태도를 갖는 경우에도 자기표현이 약할 수 있다. 영유아가 자신 생각을 표현함에 어려움을 느끼거나 집중력이 부족한 경우에도 나타날 수 있다. 자기의사표현을 잘하지 못하는 영유아의 지도 방법은 다음과 같다.

첫째, 영유아의 기질이 수줍음이 많고 내향적인 성격이라 교사나 친구들에게 자기표현이 부족한 경우에는 친숙한 놀이 활동을 통해 또래와 자연스럽게 대화하고 자신을 표현하는 방법을 익히도록 한다.

둘째, 자신을 표현할 수 있는 동기부여와 성취감을 자극한다. 상황에 대한 자기표현의 즐거움을 경험하게 하여 영유아가 자발적으로 자기표현을 할 수 있도록 한다. 조금이라도 자기표현을 하는 것을 발견하면 칭찬과 격려를 통해 성취감을 가질 수 있도록 한다.

셋째, 영유아의 부정적 감정표현에 대해 공감하고 위로함으로써 자기표현을 할 수 있도록 한다. 영유아의 화나거나 우울한 마음의 상태와 유사한 동화책을 활용해 자기표현 하는 방법을 배울 수 있도록 한다.

넷째, 부모와의 관계로 인해 자기표현이 어려운 경우는 부모상담을 통해 부모-자녀 간의 관계 개선에 도움을 줄 수 있는 정보나 활동을 제공한다.

14. 학대를 의심하는 부모(0세/남아)

교실에서 영진이가 책상 주변을 따라 걷다가 자기 발에 걸려 기우뚱하며 책상에 부딪혔다. 교사는 황급히 영진이를 일으켜 세워 다친 곳이 있나 살펴보았다. 영진이는 책상에 넘어지면서 귀 쪽을 부딪쳐 찢어졌다. 보호자에게 연락하고 영진이를 데리고 긴급히 병원으로 갔다. 정형외과에 도착해서 치료를 받고 돌아오면서 현재 영진이에 상황을 부모님에게 자세히 보고하였다. 부모님은 놀라시면서 교사의 설명에도 불구하고 영진이 상처를 교사의 학대로 의심하였다. 교사의 상황에 대한 자세한 설명과 대처법에 관한 이야기를 들으면서도 부모는 "넘어지면서 어떻게 귀를 다칠 수 있나?"라며 의심을 하였다. 부모의 의심을 풀기 위해 CCTV를 확인해보자고 요청하였다. 부모의 요청에 의해 CCTV를 확인한 결과 교사의 말과 동일하므로 부모는 그제서야 인정을 하였다. CCTV를 통해 영진이가 다친 상황에서 교사의 빠른 대처를 확인할 수 있었지만 부모는 미안함이나 어떠한 반응도 없이 영진이를 데리고 귀가를 했다.

영유아교사는 영유아의 발달과 성장을 위한 보호자이자 교육가로서 역할을 한다. 부모를 대신하여 영유아를 보호할 뿐만 아니라 신체, 언어, 정서, 인지 발달을 위한 지원자로서의 교육을 담당하는 것이다. 따라서 학부모는 교사와 서로 협력자로 인식하고 상호신뢰관계를 구축하여야 한다.

영유아교육기관에서 영유아들이 타인과의 사회관계를 배워나가고 기본생활 습관 형성을 위한 기본적인 규칙을 준수하기 위해서는 가정에서도 연계가 이루어져야 한다. 부모와 교사는 신뢰를 바탕으로 부모는 자녀의 특성이나 성격, 장단점, 양육태도를 교사에게 제공하고 교사는 기관에서 보이는 영유아의 적응이나 관계성, 행동 등을 부모에게 알려줄 수 있다.

교사는 부모가 제공한 정보를 통해 기관에서 교육과정으로 반영해 영유아를 지도할 수 있다. 그런데 부모가 교사에 대한 불신을 가지고 신뢰하지 못하게 된다면 교사는 부모와 협력적인 관계를 가질 수 없으며 영유아의 지도에 대해서도 어려움을 가지게 된다.

위 사례에서 0세인 영아는 신체 발달상 아직 대근육이 정밀하게 발달하지 않은 시기여서 몸의 균형을 잡지 못하면 자주 넘어질 수 있다. 교사는 이러한 영아의 발달 특성을 이해하고 유의하여 영아 돌봄을 하지만 의도치 않게 안전사고가 발생할 수 있다. 이러한 부분에 대해 빠르게 대처하는 능력을 갖추는 것이 필요하다. 먼저 의도치 않게 안전사고가 발생한 경우, 영유아의 상태를 살펴보고 보호자에게 연락을 취한 뒤 가까운 병원으로 이동을 해야 한다. 영유아가 경미하게 다친 경우 교사는 당황하지 말고 할 수 있는 응급조치를 하고 영유아가 안정될 수 있도록 침착하게 대처해야 한다.

부모는 기본적으로 교사에 대한 신뢰감을 가지고 상호작용하는 부분이 필요하다. 부모가 교사에 대한 불신을 가지게 되면 기관과 가정은 협조체계를 유지하기 어렵기 때문이다. 따라서 부모는 기관의 교육 목적에 동의하고 서로를 지원하고 연계성을 유지하기 위해서 노력해야 한다. 또한 기관과의 상호적인 의사소통이 이루어져야 하며 자녀에 관한 궁금한 점이나 문의 사항이 있는 경우 교사나 원장을 직접 만나서 소통하는 것이 가장 좋은 소통 방법이다.

기관이나 교사는 부모의 불안함을 이해하고 공감하며 자녀의 기관에서의 생활을 자세히 알려주고 실천적 지도 방안에 대해 의견을 교환하는 것이 좋다.

15. 훈육을 어떻게 할지 고민하는 부모

성원이는 등원할 때마다 엄마와 실랑이를 한다. 어린이집 근처가 집인 성원이는 엄마와 함께 걸으면서도 이리저리 왔다갔다 하며 걷는다. 엄마는 그런 성원이를 보면서 답답한 듯 "성원아 똑바로 걸어야지."하며 이야기한다. 성원이는 엄마의 이야기를 못 들은 척 하며 여전히 자기 멋대로 걷다가 어린이집에 도착하자 인사도 없이 안으로 들어간다.

부모가 아이를 제대로 훈육하는 경우 아이는 엄마가 자신을 사랑함을 느낄 수 있다. 마음이 통해야 건강한 훈육이 될 수 있다. 훈육을 잘 받은 아이는 부모의 감정을 살피지 않고 자신에 행동을 되돌아보며 이후 더 적절한 행동을 할 수 있게 된다.

부모는 훈육을 통해 자녀의 행동을 지도하고자 한다. 자녀의 잘못된 행동에 대해 타일러 보기도 하고 혼내기도 하고 간식으로 회유해 보기도 하지만 부모의 목소리만 커지게 되고 다시 후회하기도 하며 어찌할지 모를 때가 있다.

교사는 이런 부모의 마음을 이해하고 공감하며 혼을 내고 야단을 치는 것은 아이에게 부정적 영향만 끼치고 효과가 없음을 알려준다. 아이의 잘못된 행동이 아닌 긍정적이고 바람직한 행동이 무엇인지 정확하게 알려주는 것이 중요하다.

칭찬과 훈육은 서로 반대되는 개념처럼 생각되지만 같은 목표를 가지고 있다. 칭찬은 긍정적인 행동을 강화하기 위한 방법이며 훈육은 부정적인 행동을 감소시키기 위한 방법이다. 칭찬과 훈육은 영유아가 건강한 어른으로 성장하기 위한 행동과 습관을 형성하는 것이다.

영유아의 훈육을 단순히 결과만을 가지고 안된다고 통제하거나 잘못을 지적하는 형태로 혼내는 것은 자녀가 무엇을 잘못했는지 인식하기 어렵고 부정적인 자아개념을 형성할 수 있다. 따라서 자녀가 잘못된 행동을 하거나 규칙을 지키지 않았을 때 감정적으로 대처하지 말고 객관적으로 잘못한 사실에 관해서만 이야기해야 한다. 그리고 어떻게 해야 하는지에 대한 실천 방법을 알려주어야 한다.

영유아의 행동 지도는 한 두 번 해서는 안 되고 여러 번 반복하여 올바른 행동의 습관이 생길 때까지 해야 한다. 부모님의 훈육이 효과적으로 실행되기 위해서는 먼저 자녀의 반응에 대해 민감하고 적극적이며 일관성 있게 반응해야 한다.

TIP 훈육 VS 화 구별하기

화를 냈어요

- 훈육 후 아이가 부모의 눈치를 본다.
- 훈육 후 아이가 더 화를 낸다.
- 훈육 후 아이가 억울해한다.
- 훈육 후 아이가 계속 남 탓을 한다.
- 훈육 후 부모의 마음이 매우 불편하다.

훈육을 했어요

- 훈육 후 아이는 더 좋은 행동을 선택한다.
- 훈육 후 아이는 새로운 것을 알게 되었다.
- 훈육 후 아이이게 자기조절 능력이 향상되었다.
- 훈육 후 아이는 규칙을 잘 지킨다.
- 훈육 후 부모의 양육자신감이 증가되었다.

출처: 서울특별시육아종합지원센터(2019). 육아는 어렵지만 좋은 부모가 되고 싶어. p.35.

16. 한글과 수 교육을 걱정하는 부모

신원이가 하원을 하고 집에 돌아오면 엄마는 "오늘 유치원에서 뭐 했어?"라고 물어본다. 신원이가 "놀았어"라고 대답하자 엄마는 "뭐 하고 놀았는데? 공부는 안 했어?"라고 다시 물어본다. 신원이는 "음… 그냥 놀았는데" 하자 엄마는 "알았어" 하며 가방을 열어 확인을 한다. 가방 안에는 신원이가 그리다 만 종이활동지와 무언지 알 수 없는 만들기가 들어있다. 신원이 엄마는 옆집 민수는 4살 때 벌써 한글을 줄줄줄 읽었는데 6살인 신원이는 아직도 글을 읽지 못해 걱정이다. 앞으로 학교에 들어가려면 한글과 수는 알아야 될 것 같은데 유치원에서는 놀이 중심이라고 해서 노는 것만 같고 어떻게 하면 좋을지 걱정이다.

영유아들이 글을 읽고 쓰고 수를 알고 셈을 하기 위해서는 변별력이 필요하다. 변별력이라 함은 무엇이 같고 무엇이 다른지를 구별할 수 있는 능력이다. 이런 변별력을 가지고 있어야 글자의 모양에 대한 구분을 할 수 있고 그 결과 글을 읽거나 쓸 수 있게 된다.

영유아의 놀이과정은 놀이를 통한 탐색을 하면서 자신의 궁금한 것을 해결하기 위해 탐구를 하게 된다. 영유아들은 탐구를 통해 새로운 지식을 발견하고 이것은 배움으로 이어지게 된다. 예를 들어 영유아들이 자연물을 가지고 놀이를 하면서 식물을 관찰하게 되고 식물의 크기와 모양이 다른 것을 탐색하면서 왜 그런지에 대한 궁금증을 가지게 된다. 자신이 탐색한 식물의 이름과 특징을 알아내기 위해 인터넷이나 책과 같은 자원을 활용하여 탐구하면서 식물의 특징에 대한 지식을 알게 된다. 이러한 지식을 통해 영유아는 자연스럽게 배우게 되는 것이다. 한글과 수도 이러한 교육원리에 따라 자연스럽게 배워나갈 수 있다. 예를 들어 "우리 동네에 있는 가게놀이"를 한다면 우선 글로 어떤 가게가 있는지 어떤 물건을 파는지 그림과 글로 표현해야 한다. 또한 물건을 팔 때는 수를 이용하게 된다. 이러한 활동을 통해 영유아는 자연스럽게 글과 수를 배워 나가게 된다.

영유아기는 놀이를 통해 배움을 가지게 되지만 부모는 놀이에 효과를 바로 바로 확인할 수 없기에 의문을 가진다. 유치원 졸업 후, 초등진학을 앞둔 부모는 한글과 수에 대한 교육을 을 지원해 줄 수 있는 구체적인 방법에 대해 알고 싶어 한다.

교사는 놀이와 학습에 대한 명확한 견해를 가지면서도 부모가 한글 교육의 시작을 언제 해야 할지 불안해하는 마음에 대한 공감적 태도가 필요하다. 또한 한글교육의 적기는 아이마다 다를 수 있기에 여유를 갖는 태도가 필요하다는 것을 알려주어야 한다. 자녀가 한글에 관심을 보이고 읽고 싶어 할 때가 바로 적기이며 학습이 아닌 놀이를 통해 이루어지는 것이 바람직하다.

아이들의 발달 시간표에 따라 적정한 시기에 학습이 아닌 놀이방법으로 아이, 가족, 친구의 이름을 그림책이나 과자봉지에서 찾아보기 등 일상생활에서 관심을 가지게 하는 것도 효과적이다. 집에 있는 물건의 이름을 말해보고 메모지에 그 이름을 쓰고 붙여보는 활동이나 동화책을 함께 읽어보고 동화책에 나온 주인공이나 이야기를 그림과 글로 적어보는 것도 좋은 방법이다.

17. 스마트폰 노출로 걱정하는 부모

18개월 된 지혜는 어린이집을 갔다 오면 가방을 내려놓자마자 핸드폰을 달라고 조른다. 엄마가 나중에 준다고 하면 계속 달라고 떼를 쓴다. 결국 지혜의 고집을 못 이기고 엄마는 핸드폰을 준다. 지혜는 자리에 앉아서 익숙한 듯 화면을 터치하며 자신이 좋아하는 유튜브 영상을 본다. 엄마가 이제 그만하고 밥을 먹어야 한다고 해도 꿈쩍도 하지 않은 채 핸드폰만 하려고 한다. 엄마는 지혜에게 핸드폰을 들려준 채로 밥을 먹이면서도 걱정이 된다.

스마트폰을 너무 이른 시기에 아이에게 노출하면 좋지 않다고 생각을 하면서도 육아에 지친 부모는 결국 아이의 손에 스마트폰을 쥐어 주게 된다. 영유아가 스마트폰 영상에 자극되어 한 번 보게 되면 끊임없이 핸드폰을 보려 하고 다른 것을 대체해서는 좀처럼 흥미를 느끼지 못하게 된다.

'포노 사피엔스'라는 말은 폰과 사피엔스가 결합된 신조어로 폰이 마치 몸의 일부분처럼 연결된 새로운 세대를 지칭한다. 그만큼 인터넷이나 스마트폰은 우리 삶에서 떼어낼 수 없는 일부분이 되었고 영유아도 이른 시기에 쉽게 노출되게 되었다.

부모가 잠깐 편해지고 싶은 마음에 잠시라도 영상물을 보여주게 되고 이러한 과정이 지속되면 영유아는 과도하게 스마트폰에 집착하며 떼를 쓰게 된다. 오랜 시간 스마트폰의 밝은 빛에 노출되면 수면에도 어려움이 생길 수 있고 식사 시간에는 영상을 보며 먹게 되는 경험을 통해 다양한 맛과 향을 느끼고 음미할 수 없다. 또한 먹는 즐거움뿐 아니라 바른 자세로 식사에 집중할 수 없게 된다. 그러므로 스마트폰을 바르게 사용하는 법을 어린 시기부터 형성하도록 해야 한다.

가장 먼저 해야 할 것은 영유아 혼자 스마트폰을 사용하지 않게 하는 것이다. 자녀가 떼를 쓴다고 자녀에게 핸드폰을 준 채로 내버려 두면 자녀는 혼자서 핸드폰의 여기저기를 구분 없이 들어가게 된다. 따라서 영유아가 유해한 영상이나 사이트에 접속하지 않도록 부모는 영상을 선별해서 보여주어야 한다.

두 번째로는 스마트폰 사용에 대한 규칙을 정해야 한다. 스마트 사용에 대해 정해진 시간에 맞춰 사용할 수 있도록 한다. 즉 시간을 영유아와 함께 정하고 지키도록 해야 한다. 영유아가 스마트폰 사용 시간을 잘 지켰을 때는 칭찬과 격려하고 지키지 않았을 때는 이에 상응하는 제재를 받게 함으로써 사용 습관을 형성한다. 영유아가 울고 떼를 쓰거나 피곤하여 일관성 없이 규칙을 적용하게 되면 과잉행동이나 맥락 없이 떼를 쓰고 고집을 부리는 경우가 발생한다.

세 번째는 스마트폰 사용을 하지 않을 때 다양한 놀이나 활동을 통해 즐거운 경험을 할 수 있도록 한다. 영유아들이 스마트폰 없이도 즐거운 경험을 하게 되면 스마트폰에 집착하지 않게 된다. 따라서 스마트폰을 무조건 보지 못하게 금지만 할 것이 아니라 다른 대안 활동을 제시하여 관심을 가지게 해야 한다.

TIP 우리 가족의 스마트폰 사용상태 점검

✱ 스마트폰 사용 체크리스트

▶ 현재 우리 가족의 스마트폰 사용상태를 점검해요.

우리 아이는 언제 처음으로 스마트기기를 사용했나요?(생후_____개월)

아이가 평소 어떤 행동을 할 때 스마트기기를 주시나요?

(예: 식당/ 카페 갔을 때, 차에서 보챌 때 등)

▶ 양육자가 아이에게 스마트기기를 주는 상황의 패턴을 발견하셨나요? 이런 상황에서 스마트기기 대신 다른 적합한 대처방법을 사용할 수 있는지 생각해봅시다.

3. 아이가 스마트기기를 찾지 않고 잘 놀 때는 언제인가요?
(예: 양육자가 함께 놀아줄 때, 놀이터에 갔을 때, 자고 일어나 기분이 좋을 때 등)

아이가 스마트기기 없이 잘 노는 상황을 파악하셨지요?
생활 속에서 이런 상황을 늘려나간다면 스마트기기 과의존을 예방하는 데 도움이 될 거예요.

4. 우리 가족이 혹시 스마트기기에 과의존하고 있지는 않나요? 자가진단 체크리스트를 통해 확인해 봅시다.

✲ 유아용 [만 3~5세, 관찰자용, 9문항]

요인	항목	전혀 그렇지 않다	그렇지 않다	그렇다	매우 그렇다
조절실패 (역문항)	1) 스마트폰 이용에 대한 부모의 지도를 잘 따른다.				
	2) 정해진 이용 시간에 맞춰 스마트폰 이용을 잘 마무리한다.				
	3) 이용 중인 스마트폰을 빼앗지 않아도 스스로 그만둔다.				
현재성	4) 항상 스마트폰을 가지고 놀고 싶어 한다.				
	5) 다른 어떤 것보다 스마트폰을 갖고 노는 것을 좋아한다.				
	6) 하루에도 수시로 스마트폰을 이용하려 한다.				

문제적 결과	7) 스마트폰 이용 때문에 아이와 자주 싸운다.				
	8) 스마트폰을 하느라 다른 놀이나 학습에 지장이 있다.				
	9) 스마트폰 이용으로 인해 시력이나 자세가 안 좋아진다.				

★ 기준점수(36점 최고점): 1)~3)번 문항 역채점(1점 → 4점, 2점 → 3점, 3점 → 2점, 4점 → 1점으로 변환)

고위험군(28점 이상): 스마트폰 과의존 경향성이 매우 높으므로 관련 기관의 전문적인 지원과 도움이 필요합니다.

잠재적위험군(27~24점): 아이의 스마트폰 사용 행동을 적절히 조절하지 않을 경우, 스마트폰에 과의존될 위험성이 있습니다. 아이의 스마트폰 사용을 관리하고, 계획적으로 사용할 수 있도록 도와주세요.

일반사용자(23점 이하): 스마트폰을 적절히 사용하고 있지만, 앞으로도 지속적인 관심과 지도가 필요합니다.

❋ 양육자용 [성인용, 자기보고식, 10문항]

요인	항목	전혀 그렇지 않다	그렇지 않다	그렇다	매우 그렇다
조절실패 (역문항)	1) 스마트폰 이용시간을 줄이려 할 때마다 실패한다.				
	2) 스마트폰 이용시간을 조절하는 것이 어렵다.				
	3) 적절한 스마트폰 이용시간을 지키는 것이 어렵다.				
현재성	4) 스마트폰이 옆에 있으면 다른 일에 집중하기 어렵다.				
	5) 스마트폰 생각이 머리에서 떠나지 않는다.				
	6) 스마트폰을 이용하고 싶은 충동을 강하게 느낀다.				
문제적 결과	7) 스마트폰 이용 때문에 건강에 문제가 생긴 적이 있다.				
	8) 스마트폰 이용 때문에 가족과 심하게 다툰 적이 있다.				

	9) 스마트폰 이용 때문에 친구 혹은 동료, 사회적 관계에서 심한 갈등을 경험한 적이 있다.				
	10) 스마트폰 때문에 업무(학업 혹은 직업 등) 수행에 어려움이 있다.				

★ 기준점수(40점 최고점)

고위험군(29점 이상): 스마트폰 과의존 경향성이 매우 높으므로 관련 기관의 전문적인 지원과 도움이 필요합니다.

잠재적위험군(28~24점): 스마트폰 과의존에 대한 주의가 필요합니다. 스마트폰 과의존의 위험성을 깨닫고 스스로 조절하고 계획적인 사용을 하도록 노력해야 합니다.

일반사용자(23점 이하): 스마트폰을 적절히 이용하고 있지만, 앞으로도 지속적인 자기점검이 필요합니다.

출처: 서울특별시육아종합지원센터, 스마트쉼센터(2021). 스마트폰 Zero 도전 엄마, 아빠는 하면서 왜 나는 안돼요?. p.15~17.

18. 맞벌이 가족

부모님이 모두 전문직 직업을 가진 수지는 어머님이 아침 일찍 등원을 시킨다. 수지 부모님은 토요일에도 근무하셔서 가끔 수지는 할머니 댁으로 가기도 한다. 이러한 상황 때문인지 수지는 등원할 때마다 엄마와 헤어지기 힘들어한다. 유치원에 도착하면 엄마의 치맛자락을 놓지 않고 매달린다. 어머님은 수지를 유치원에 데려다주고 빨리 출근해야 하는 상황이기에 수지의 붙잡은 손을 떼어놓으며 달랜다. 수지는 엄마의 이런 행동이 자신을 떼어버리는 것 같아 불안해 울기 시작한다. 어머님은 '엄마가 일찍 데리러 올게' 하며 수지가 좋아하는 장난감을 손에 쥐어 주지만 수지는 울음을 멈추지 않는다. 옆에서 지켜보던 교사는 다가와 수지를 안아주며 '안에 친구들이 수지를 기다리고 있다'고 이야기한다. 교사의 품에 안겨 흐느끼는 수지를 뒤로한 채 어머님은 몇 번이고 뒤를 돌아보며 가신다.

영유아는 7~8개월이 되면 자신과 낯선 사람을 구별할 수 있게 되면서 낯가림을 시작하게 되며 낯선 상황에서 엄마를 안전기지로 이용하며 놀이를 한다. 따라서 자신의 애착 대상인 엄마와 분리되면 소리를 지르며 우는 분리불안을 나타나게 된다. 분리불안은 발달 시기와 주변 환경에 따라 다양하게 나타날 수 있으므로 영유아의 변화를 잘 관찰해야 한다.

유아가 엄마와 헤어지기 힘들어하며 불안해하는 것은 엄마를 너무 좋아해서이기보다는 엄마와 애착이 형성되지 않은 경우이다. 엄마와의 애착이 불안할 때 분리불안이 나타난다. 엄마와의 신뢰가 부족하고 막연하게 걱정하는 심리로 인해 나타나는 현상이므로 자녀와 헤어지는 것에 실랑이하는 것이 힘들어 몰래 분리하거나 억지로 분리하는 것은 좋지 않다. 위의 사례에서처럼 자녀와 분리되는 것이 힘들어 "엄마 일찍 데리러 올게."하고 명확히 이야기하지 않고 사라지게 되면 자녀의 불안감은 더욱 커지게 되고 부모의 말을 신뢰하지 못하게 된다. 따라서 자녀가 마음의 준비를 할 수 있도록 미리 충분히 설명해 주는 것이 필요하다. 즉 불안해하는 아이를 억지로 떼어놓기보다는 엄마와 언제 만날 수 있는지, 엄마가 없는 시간에는 무엇을 할 것인지에 대한 구체적인 이야기를 통해서 자녀를 안심시켜 주어야 한다.

자녀와 안정적인 애착을 형성하기 위해서는 먼저 자녀의 반응에 민감하게 반응해 주어야 한다. 자녀가 불편해하는 것과 관심을 갖는 것이 무엇인지, 어떠한 욕구를 가지고 있는지에 대해 관찰하면서 즉각적으로 민감하고 따뜻하게 반응함으로써 아이의 불편함을 해소해준다.

두 번째로는 자녀가 불안감에서 벗어날 수 있도록 즐거운 경험을 하도록 하고 긍정적인 상호작용을 한다. 영유아는 자신의 안전기지 역할을 하는 부모 옆에서 즐겨 하는 놀잇감을 가지고 놀면서 마음의 안정을 취하게 된다.

세 번째는 부모의 상태나 기분에 상관없이 자녀에 대해 일관성 있게 반응해 준다. 부모가 자신이 편안할 때는 자녀의 반응을 받아주다가 직무 스트레스와 같이 힘들고 지칠 때는 반응하지 않는 태도를 보이게 되면 자녀는 불안감을 가지게 되어 도움을 줄 수 있는 부모와 떨어지지 않으려고 떼를 쓰게 된다.

부모가 직장생활을 하다 보면 여러 가지 변수가 생길 수 있고 퇴근이 늦어지거나 휴일에도 근무를 해야 하는 일이 발생할 수 있다. 이러한 부모의 상황에 대해 자녀는 이해할 수 없기에 자녀가 불안해하지 않도록 사전에 미리 설명해 주는 것이 필요하다.

맞벌이 가족 자녀 양육의 가장 큰 어려움은 주 양육자인 엄마가 직장과 가정 일을 모두 충실히 해야 하는 압박감과 오랜 시간 자녀와 함께하지 못하는 것, 장시간 시설에 맡겨야 하는 부분에 대한 죄책감이다. 그러나 종일 떨어져 지낸 자녀에게 무엇보다 필요한 것은 부모와의 질 높은 상호작용이다. 오랜 시간 함께 지내는 것이 자녀와 상호작용하는 것이라고 생각해서는 안 된다. 오랜 시간 한 공간에 같이 있어도 서로 이야기하지 않거나 함께 아무것도 하지 않는 것은 자녀와 함께하는 것이 아니다.

짧은 시간이라도 자녀에게 온전히 집중하여 함께 책을 보며 이야기를 나누거나 재미있게 놀아주는 것은 자녀에게 매우 효과적인 상호작용의 방법이 될 수 있다. 또한 부모의 자책감이나 우울감은 자녀의 정서에 낮은 효능감을 주기 때문에 부모 스스로 즐거움과 긍정적인 생각을 갖도록 해야 한다.

주말을 이용해서는 자녀와 여행, 게임과 같이 평소에 하지 못했던 일들을 통해서 새로운 관계를 맺는 기회를 삼는 것도 자녀와 친밀감을 형성할 수 있는 좋은 방법이다.

TIP 자녀와 친밀감을 가질 수 있는 놀이

✲ 사례) 두부 탐색하기

두부는 고체이지만 손으로 눌렀을 때 변형되기 쉬운 재료로, 유아들이 두부를 탐색하면서 모양의 변화와 말랑말랑한 촉감을 경험할 수 있다.
두부를 그릇에 담아 유아들이 탐색하게 한다. 탐색한 두부는 다양한 도구를 이용하여 마음대로 으깨거나 주물러보고 모양틀을 사용하여 찍어본다.

엄마: 두부를 만져보자. 느낌이 어떠니?
유아: 차가워요.
엄마: 미끄럽기도 해
유아: 왜 이렇게 부드러워?
엄마: 두부의 냄새는 어떠니? 두부를 먹어보자 어떤 맛이 나지?
유아: 물컹 물컹한 맛이요.
엄마: 고소한 맛도 난다.
(다양한 도구로 두부를 으깨거나 손으로 주물러 보면서 모양틀을 사용한다)
유아: (손으로 두부를 주무르면서) 간지러워요.
유아: (동그란 모양틀로 두부를 찍으면서) 음~ 난 케이크 만들 거야~
유아: 엄마, 나 케잌 먹고 싶어요~
엄마: 그래. 알았다. 그럼 엄마가 만들어 줄게.
유아: 알았어요. 엄마.
유아: 난 엄마처럼 찌개 만들 거야. (두부를 손으로 뭉친 후 그릇에 담는다.)

유아들은 네모난 두부를 탐색하며 재료의 성질을 이해하고 언어로 자신의 느낌을 표현할 수 있다. 자녀와 함께 충분히 탐색한 후 손가락을 이용해 두부를 누름으로써 소근육의 발달과 형태의 변화를 이해하는 기회를 제공한다. 두부를 탐색하면서 미각을 이용해 맛을 보는 과정에서 손으로 만졌을 때의 촉감과 비교해 서로 다른 느낌을 인식한다. 부모가 모양틀을 지원함으로 자녀의 놀이가 확대되고 으깨진 두부를 모양틀에 찍으면서 모양이 변형되는 과정을 통해 모양에 대한 인식을 키울 수 있다. 자녀와 부모가 먹을 수 있는 재료인 두부를 이용해 촉감놀이를 하면서 자녀의 긴장과 스트레스를 풀어주고 긍정적 상호작용을 통해 친밀감을 형성할 수 있다.

출처: 오연주(2020). 영유아미술놀이. p.64. 본 내용에 맞게 수정·보완함.

19. 한부모 가족

국공립 어린이집에 다니는 만 5세 영식이는 항상 등원 시간이 늦다. 매일 오전 간식 시간이 끝난 후에 교실에 들어오고는 했다. 같은 반 또래 친구들은 으레 쟤는 맨날 지각하는 아이라는 인식이 있어 놀이에 같이 끼워주지 않았다. 어느 날 평소와 달리 제시간에 등원한 영식이를 보고 반 친구들은 어안이 벙벙한 표정을 지었지만, 교사는 반갑게 맞이하였다. "영식이가 일찍 올 수 있을 거라고 선생님은 믿어서 기다리고 있었어"라고 말하자 영식이는 어색한 표정을 풀고 활짝 웃었다. 교사는 아버님에게 오늘 있었던 일들을 설명하며 영식이가 다른 친구들과 놀이하기 위해서는 제시간에 등원해야 함을 이야기하였다.

아버지는 친구들과 함께 놀이하기 위해서는 제시간에 등원해야 하는 것을 교사의 안내로 인식하였다. 한부모 중 편부 가족의 경우 자녀 양육에 대한 경험이 없기에 자녀의 욕구와 발달을 충족하는 것에 대한 어려움을 가질 수 있다. 모와 같은 정서적 교감이나 표현에 있어 상대적으로 부족한 부분이 있어 자녀와의 의사소통이 잘 안 된다. 따라서 이런 부분에 관한 설명과 안내가 필요하다.

한부모는 경제적으로 양부모에 비해 많은 어려움을 경험하며 이에 따른 스트레스가 발생하게 된다. 자녀는 이와 같은 부나 모의 경제적 어려움과 정서적 반응에 대해 감내하는 부분이 있어 자신의 욕구 표현의 어려움을 느끼고 위축되어 눈치를 보게 된다. 따라서 부나 모는 자녀에게 힘들어도 의도적으로 사랑하고 있다는 긍정적인 태도를 보여주어야 아이들은 불안감을 떨칠 수 있다.

한부모의 부모 역할을 도울 수 있는 지원방안은 아래와 같다.

첫째, 자녀에게 심리적 안정을 주어야 한다.

자녀는 갑작스러운 가족구조의 변화와 부나 모의 정서적 혼란과 역할의 혼란으로 인해 부정적인 감정과 불안을 느낄 수 있다. 자녀에게 심리적 안정을 주기 위해서는 부나 모가 자신의 현재 입장을 받아들이고 긍정적인 태도로 대해야 한다.

둘째, 자녀에 대한 양육 태도를 점검한다.

자녀에 대한 부나 모의 양가적 감정은 자녀의 양육태도에 있어 지나치게 허용적이거나 강압적인 방법을 사용할 수 있다. 따라서 자녀가 안정감을 가질 수 있도록 일관된 태도와 상호작용을 해야 한다.

셋째, 사회 지원체계의 활용이다.

현재 한부모가족을 위해 다양한 프로그램을 운영하는 기관들이 있다. 이러한 사회 지원체계를 활용하여 자녀에 대한 상담이나 육아 정보, 다양한 활동을 이용할 수 있다. 이러한 사회 지원체계의 각종 서비스를 통해 가정의 필요나 문제를 지원받을 수 있다.

20. 다문화 가족

재형이는 베트남 출신 엄마와 한국인 아빠로 구성된 다문화 가족이다. 재형이는 올해 7살이라 내년 학교에 들어가야 하는데 언어능력이 또래보다 늦어 언어발달 검사를 받게 되었다. 언어발달 검사 결과 재형이의 언어 이해력과 표현력 발달은 또래보다 약 1년 정도 늦었고 전체 지능은 78점이 나왔다. 지능검사를 세밀하게 분석한 결과 사전 지식 없이 문제를 해결할 수 있는 능력인 시공간 지각능력은 양호했다. 즉 타고난 잠재능력은 평균 이상이었지만 언어능력이 지적능력에 영향을 미쳐 전체 지능 지수가 낮게 나타난 것이다. 재형이의 엄마는 한국말이 유창하지는 않았지만 기본적 의사소통은 가능하였다. 재형이 엄마는 결혼하자마자 한국에 입국하는 바람에 한국 생활 적응하기가 힘들었고 한국어도 서툴러 재영이와의 의사소통이 잘되지 않았었다.

재형이는 언어능력이 부족하여 언어발달 검사를 받은 결과 타고난 잠재능력은 정상이었으나 후천적으로 학습되어 나타나는 어휘력이나 독해력, 문장 이해력과 같은 능력은 또래보다 발달이 늦은 것으로 나타났다.

영유아의 언어발달은 부모나 또래와의 상호작용을 통해 배워나갈 수 있는데 재형이는 엄마가 한국어가 서툴다 보니 상호작용이나 자극이 잘 안 된 것으로 보인다. 외국인인 재형이 엄마는 한국어가 능숙하지 않은 상태에서 자녀와 한국어로만 소통해야 한다. 자녀와의 의사소통에 어려움은 여러 문제를 발생하게 한다. 먼저 자녀가 고집을 부리거나 떼를 쓰는 행동에 대해서 부모는 자녀에게 충분하게 설명하고 훈육해야 하는데 엄마가 한국어가 서툴면 이러한 것을 할 수 없다. 또한 어떠한 상황에 대해서도 자녀에게 자신에 의사를 제대로 이해시키는 것에 어려움을 겪는다.

자녀의 문제행동에 대해서도 간섭을 하지 않고 무조건 허용하는 허용적 양육 태도나 강압적으로 통제하는 방식의 태도를 취하게 된다. 이러한 양육 태도는 자녀의 사회성이나 정서적 발달에 영향을 주게 된다. 기준이 없이 너무 허용적인 태도로 양육하는 경우는 자녀의 문제행동도 무조건 허용함으로 문제행동이 강화될 수 있다. 반면 너무 강압적인 태도로 양육하게 되면 자녀는 정서적으로 위축되어 다른 사람과의 관계에 있어 눈치를 보거나 소극적인 자세를 가질 수 있다.

다문화가족 자녀의 발달, 양육 및 교육을 돕기 위한 방법은 다음과 같다.

첫째, 영유아의 발달 과정과 교육방법에 대한 이해를 돕기 위한 교육을 하는 것이 필요하다. 자녀의 생활 습관 교육, 위생관리, 친구관계, 발달 특성, 공공장소에서 지켜야 할 공중도덕 등이다.

둘째, 결혼이민자인 엄마의 가정생활, 한국사회의 특성, 계절변화에 따른 자녀 옷 입히기 등과 같은 정기교육을 실시한다.

셋째, 영유아교육기관의 다른 학부모와 같이 집단 프로그램이나 집단 면담에 참여토록 하여 소통의 장을 마련하고 육아 정보 및 가족 간에 교류의 확대를 도모한다.

넷째, 다문화가족 및 영유아를 대상으로 적용할 수 있는 다양한 기관의 프로그램에 관한 정보를 제공한다.

다섯째, 자녀의 발달에 적합한 책이나 놀잇감을 추천해 준다.

다문화가족에 도움을 줄 수 있는 다양한 기관의 프로그램은 다음과 같다.

TIP

✻ 다문화가족 프로그램 관련 정보제공

기관	홈페이지	프로그램
중앙다문화교육센터	https://www.edu4mc.or.kr/	누리과정과 연계한 다문화 유아 언어교육프로그램
육아정책연구소	https://kicce.re.kr/	유아 다문화 이해교육 프로그램
다누리배움터	https://www.danurischool.kr/	유아 다문화인식 개선 콘텐츠
다문화 박물관	http://www.multiculturemuseum.com/	다문화 체험 및 교육자료
다문화가족지원 포털 다누리	https://www.liveinkorea.kr/	생활정보
다누리 콜센터	1577-1366	생활정보

✻ 다문화가족 영유아를 위한 서적

동화	내용	출판사
냠냠 한글 가나다	개미의 일상을 통해 다양한 낱말을 익힐 수 있다.	정낙묵/이재호 그림 고인돌(2009)
기분을 말해봐	'기분을 말해봐'라고 말하며 감정에 대해 생각할 수 있도록 한다.	앤서니 브라운 글 · 그림 웅진주니어(2011)
재미있는 내 얼굴	행복한 기분뿐만 아니라 놀란 기분 등 다양한 상황에서 아이의 기분을 이해할 수 있다.	니콜라 스미 글 · 그림 보물창고(2014)
괜찮아	다양한 동물들의 특징을 보며 단점뿐만 아니라 장점도 있다는 것을 이해한다.	최숙희 글 · 그림 웅진주니어(2005)

21. 재혼가족

진주의 가족은 재혼가족으로 진주의 아버지는 새아버지이다. 진주는 소극적인 성격으로 낯선 상황에 대한 두려움 때문인지 새로운 활동을 시도하면 회피를 자주 한다. 또래 집단하고 어울리기보다는 혼자 놀이를 주로 하며 자신이 익숙한 활동을 선호한다. 진주는 배가 아프다는 말을 자주 한다. 놀이하다가도 갑자기 배가 아프다며 교사에게 하소연한다. 처음에는 건강에 문제가 있어서 그런 것 같아 어머님께 말씀드리자 집에서는 함께 있으면 잘 노는데, 잠깐 자리를 비우면 '배가 아프다'고 한다. 하루에도 몇 번씩 배가 아프다고 해서 병원에 갔지만 아무런 이상이 없다며 왜 그런지 모르겠다고 한다.

재혼가족은 부부간의 유대보다 부모-자녀 간의 유대가 먼저 형성되는 특징을 가지고 있다. 특히 재혼 가족은 초혼 가족보다 응집력이 약하고 계부모-계자녀의 관계도 친부모-친자녀의 관계만큼 정서적으로 친밀하지 못하다.

위 사례에서 진주는 재혼가족으로 진주의 아버지는 계부이다. 재혼가족의 자녀는 계부모-자녀-친부모의 삼각관계에서 갈등을 느끼게 된다. 즉 계부에 대해 인정받고 사랑받고 싶은 마음과 친부모에 대한 충성심으로 인해 죄책감을 갖거나 버림을 받을 것에 대한 불안감과 같은 감정을 가지게 된다.

재혼가족의 가족 구성원들은 가족에 대한 비현실적인 기대를 가질 수 있는데 계부모는 자신의 특별한 노력 없이도 계자녀에게 쉽게 사랑을 느낄 수 있을 것이라 기대하는 것이다. 또한 계자녀는 계부모의 훈육을 잘 수용하며 새로운 가족의 전통은 자연스럽게 형성할 수 있을 것이라 생각하는 점이다. 이러한 기대가 무너지면 가족 구성원들은 혼란과 불안과 죄책감을 느끼게 되고 가족생활에 만족하지 못하게 된다.

사례에서 보이는 진주 행동도 이와 같은 점을 보여준다. 진주는 익숙한 활동을 선호하며 배가 아프다는 하소연을 자주 한다. 집에서도 유사한 행동을 보이는데 특히 엄마가 자리를 비우는 상황이 발생하면 배가 아픈 증상이 나타난다. 이것은 신체적인 부분이 아닌 심리적인 부분에 기인하여 발생한 것으로 보인다. 진주는 새로운 가족 구성원으로 형성된 재혼가족 내에서 계부인 아버지에 대한 애정욕구와 친아빠에 대한 미안함, 그리고 엄마가 자신을 버릴 것 같은 막연한 불안감으로 인한 스트레스가 배가 아픈 것과 같은 신체화 증상으로 나타나고 있다.

재혼가족 자녀 양육에 있어서 가장 먼저 해야 할 일은 가족의 응집력과 정서적 친밀감을 형성하는 것이다. 특히 계자녀와 계부모 간의 친밀감과 신뢰감 형성이 중요하며 이를 위해서 계부모는 노력해야 한다. 계부는 계자녀가 친부모에 대해서 가질 수 있는 감정에 대해 있는 그대로 공감하고 수용하여야 한다. 계자녀가 보이는 행동에 대해서도 민감하고 따뜻하게 반응하는 것이 필요하다. 이를 통해 계자녀는 안정감을 가지고 계부에 대한 신뢰감과 친밀감을 가지게 된다.

진주의 엄마가 옆에 있으면 괜찮다가 잠시라도 안 보이면 배가 아픈 증상이 나타나는 것은 막연하게 자신이 버림받을지도 모른다는 불안감 때문인 것 같다. 이혼이나 사별로 인해 자신이 원하지 않은 이별을 경험한 자녀의 입장은 현재의 부모도 언젠가는 자신을 떠날지도 모른다는 마음을 가질 수 있다. 따라서 자녀에게 일관성 있는 태도와 말로써 신뢰감을 구축하고 안정감을 주어야 한다.

TIP 육아종합지원센터 온라인 부모교육 영상시청

※ 중앙육아종합지원센터 유튜브

https://www.youtube.com/

※ 중앙육아종합지원센터 홈페이지

http://central.childcare.go.kr

22. 조손가족

맨드라미는 현재 조부모와 함께 생활하고 있다. 부모는 맨드라미가 어렸을 때부터 별거 중으로 아버지는 서울에서 거주하고 있고 맨드라미는 누나와 함께 할아버지 댁에 살고 있다. 맨드라미는 다른 아이에 비해 어리광이 많으며 유치원 활동에 있어 흥미가 적은 편이다. 동화를 읽어주어도 다른 친구와 장난을 친다. 친구들과 장난하는 일에는 흥미를 보였지만, 신체를 움직이는 체육활동은 매우 싫어하며, 친구들과의 활동에서 자신에 뜻대로 되지 않으면 자학 현상이 나타난다.

맨드라미는 체력적으로도 다리에 힘이 없어 다른 아이들보다 잘 넘어지는 편이고, 넘어짐과 동시에 울기 시작한다. 친구로 인해 넘어지면 친구가 자신을 미워해서 그렇게 행동했다고 생각한다.

출처: 김용숙 외(2021). 아동상담 및 생활지도. p.284.

위 사례에서 조손가족인 맨드라미는 다른 또래에 비해 어리광이 많으며 활동에 흥미가 적은 편이며 자신에 뜻대로 되지 않으면 자학하는 행동을 한다. 조손가족은 자신에 자녀가 양육할 수 없게 된 손자녀를 혈연적 유대와 정서적 연민을 바탕으로 대신 양육하는 것이다.

자녀의 이혼과 경제적 어려움, 질병과 사망으로 손자녀를 양육하게 된 조부모는 생애주기 상 육아의 시기를 넘기고 인생을 마무리하는 시점에서 육아 책임을 떠맡게 되는 어려움이 있다. 이러한 조부모의 어려움은 육아 스트레스와 같은 부정적인 감정을 발생하게 하며 결국 손자녀들은 정서적, 심리적인 부분에 있어 영향을 받게 된다.

조부모의 손자녀 양육에 대한 어려움은 다음과 같이 여러 가지로 나타날 수 있다.

첫째, 건강상의 어려움이다. 조부모 연령은 대부분 60대 이상으로 정신적으로나 육체적으로 노화가 일어나는 시기이며 활동적 제약이나 질병을 가지고 있다. 이와 같은 어려움은 발달 특성상 움직임이 많은 시기인 영유아에 대해 적절한 자극과 지원을 하는 것에 어려움을 가진다. 위 사례의 맨드라미 경우에도 신체를 움직이는 체육활동을 싫어하며 다리에 힘이 없어 자주 넘어지는 모습을 보인다.

둘째, 손자녀의 양육과 교육문제이다. 조부모는 기본적 양육에 대한 경험은 가지고 있지만, 현재 양육에 대한 정보나 지식이 부족하고 손자녀에 관한 무조건 허용하는 양육 태도는 손자녀의 발달과 교육에 문제를 발생하게 할 수 있다. 맨드라미의 경우에도 자신의 뜻대로 되지 않는 경우 자학을 하거나 넘어지면 친구가 자신을 미워해서 그렇게 행동했다고 생각하는 등 사회적인 관계의 발달에 있어 문제가 있어 보인다.

조부모 손자녀 양육의 어려움을 지원하기 위해서는 미흡한 부분을 고려하여 도움을 줄 수 있는 정보를 제공해 주는 것이 필요하다. 손자녀의 발달연령에 적합한 책이나 놀잇감을 추천하거나 손자녀와 상호작용하는 방법에 대해 상담을 통해 알려준다.

조손가족은 경제적 빈곤으로 인해 심리적으로 스트레스를 발생할 수 있으며 이에 따라 손자녀에 문제에 대해서도 무관심하고 즉흥적인 경우가 많으며 정서적으로도 반응이 부족할 수 있다. 따라서 손자녀의 정서나 행동에 대한 반응을 할 수 있도록 도움을 주는 것이 필요하다.

손자녀의 발달능력 향상에 도움을 줄 수 있는 기관이나 사업을 연계하여 조부모가 할 수 없는 역할을 채워 줄 수 있는 지원을 연결한다.

부록

Appendix

1 부모의 자녀 대화에 대한 수준 점검표(대화 신호등)

※ 아이와의 대화에서 우선 멈추고 더 잘 듣고 더 멋진 대화를 하기 위해 '어떻게 할까? 생각하고 대화해 보세요.

S
T
D

현재 나의 대화 수준은?			
아이를 인정하고 존중하며 대화하기			
아이가 하는 말 그대로 받아주기			
아이의 이야기를 끝까지 들어주기			
아이의 표정, 몸짓의 표현도 들어주기			
아이와 눈을 맞추고 이야기하기			
아이 말에 맞장구치며 추임새 넣기			
아이에게 긍정적인 언어로 대화하기			
아이에게 사실에 입각하여 이야기하기			
아이의 존재를 인정해주는 말하기			
아이의 행동을 즉각적으로 칭찬해주기			
아이에게 힘이 되는 응원의 말 해주기			
* 멋진 대화 확인 : 저의 대화 신호등은 초록 신호입니다.			

출처: 중앙육아종합지원센터(2022). 클로버부모교육 '멋진 아이' 부모용교재 p.14.

2 자녀놀이 참여척도

자녀 놀이에 어떻게 참여하고 있는지 각 문항을 읽고 자신이 자녀에게 보이는 행동과 가장 일치하는 것에 체크해 보세요.

1) 민감하기 놀기

문항	전혀 그렇지 않다 (1)	그렇지 않다 (2)	보통이다 (3)	그렇다 (4)	매우 그렇다 (5)
1. 아이의 표정이나 몸짓을 보고 놀이를 하고 싶은지 안다.					
2. 아이가 놀이를 하면서 하는 말이나 행동의 의미를 이해한다.					
3. 아이가 평상시 흥미를 느끼거나 관심을 가지고 있는 놀이가 무엇인지 안다.					
4. 놀이 중에 아이의 기분 변화를 안다.					
5. 놀이를 할 때 아이가 나에게 무엇을 원하는지(역할, 도움, 반응 등) 안다.					
6. 아이가 놀이에 집중할 때는 아이를 그냥 조용히 지켜본다.					
7. 아이가 어떤 놀잇감을 고를 때 그것을 가지고 무슨 놀이를 할지 안다.					
계					

2) 반응적으로 놀기

문항	전혀 그렇지 않다 (1)	그렇지 않다 (2)	보통이다 (3)	그렇다 (4)	매우 그렇다 (5)
8. 아이가 놀잇감을 스스로 선택하도록 존중하고 기다린다.					
9. 아이와 놀 때 아이를 쳐다보면서 논다.					
10. 아이가 놀이할 때 흥미를 보이는 대상에 함께 관심을 기울이며 반응을 한다.					
11. 아이가 놀이하면서 도움을 요청하면 도와주거나 스스로 할 수 있도록 돕는다.					
12. 아이가 놀이에서 하는 말이나 행동에 긍정적인 말(칭찬, 공감, 격려)을 해준다.					
13. 아이가 놀이에서 보여 주는 신호 (예: 얼굴 표정, 동작, 의성어 표현 등)에 반응하려고 노력한다.					
14. 아이와 놀이할 때 내 목소리나 행동을 아이의 기분에 맞춘다.					
계					

3) 즐겁게 놀기

문항	전혀 그렇지 않다 (1)	그렇지 않다 (2)	보통이다 (3)	그렇다 (4)	매우 그렇다 (5)
15. 아이와 함께 집중해서 논다.					
16. 아이가 즐기는 놀이라면 내가 익숙하지 않아도 관심을 갖고 함께 논다(낯선 싸움놀이, 딱지치기 등).					
17. 아이의 눈높이(놀이수준)에 맞추어 적극적으로 논다.					
18. 바빠도 아이와의 놀이시간은 가지려고 노력한다.					
19. 아이와의 놀이 중 아이의 즐거운 감정을 함께 느낀다.					
20. 기존의 놀이규칙에 연연하지 않고, 아이와 새로운 아이디어를 내는 것이 흥미롭고 재미있다.					
21. 아이와 즐겁게 놀이를 시작해서 즐거운 기분으로 마무리한다.					
계					

자녀놀이 참여척도 해석과 놀이 가이드 안내

1) 민감하게 놀기

민감한 태도(나는 이런 민감한 놀이태도를 가지고 있어요)

- 아이가 지금 그 놀이를 왜 하는지, 무엇 때문에 재미있을지 관심을 가지려고 노력한다.
- 아이의 행동을 보며 지금 느끼고 있는 감정이 무엇인지 알려고 노력한다.
- 아이의 언어 이면에 있는 마음을 이해하려고 노력한다.
- 아이와 평상시 함께 놀이 할 때 아이의 반응이나 놀이태도 등을 기억한다.

향상방법

- 놀이 시 부모가 무엇인가 해주려고 손을 움직이는 것을 잠시 쉬고 아이가 지금 무엇을 하고 있는지 살펴본다.
- 틀린 곳 찾기 게임을 하는 것처럼 아이의 표정이나 행동에서 변화를 살펴본다.
- 내가 '아이라면' 어떨 것 같은지 상상해 본다. 놀이 시 지금 아이가 하는 말보다는 표정과 감정을 먼저 살펴본다.
- 놀이 시 나타나는 행동이 이해되지 않을 때 그 전과 후에 무슨일이 있었는지 빨리 생각해본다. 놀이는 가르치는 것이 아니라 함께 즐기고 소통하는 것이라고 생각한다.

2) 반응적으로 놀기

반응적 태도(나는 이런 반응적 놀이태도를 가지고 있어요)

- 놀이할 때 내가 중요하다고 생각하는 것보다 아이가 관심을 두고 좋아하는 것을 하려고 한다.
- 놀이할 때 나타난 아이의 느낌과 생각에 대해 내가 알아챈 것을 아이에게 말로 전달하거나 얼굴표정, 행동으로 보여주고 알게 한다.
- 너무 많거나 적지 않게 딱 아이가 표현할 정도로 내 감정을 목소리와 행동으로 표현한다.
- 아이의 놀이에 필요한 놀이상태가 되어준다.

향상방법

- 어떤 아이든 놀이하는 것이 숨 쉬는 것만큼 자연스럽다는 것을 기억하고 아이가 놀 거리를 찾을 때까지 기다린다.
- 눈과 마음과 몸을 열어 부모가 아이의 놀이에 집중하고 있다는 것을 느끼게 해 준다.
- 아이와 놀면서 다음에 "내가 뭐라고 할까? 어떻게 하면 돼?"라고 물어보고 이에 따라 반응해 본다.
- 아이뿐 아니라 배우자나 친구 등의 얼굴표정, 행동, 몸짓 등을 보고 "네가 ~느끼는구나/ 생각하는구나." 하고 얘기해 보고 그들이 어떤 반응을 하는지 경험해 본다.
- 놀이를 할 때 아주 작고 사소하게 보이는 것이나 아이가 스스로 한 것 혹은 계속하고 있는 것 등을 가리키면서 칭찬, 공감, 격려한다.

3) 즐겁게 놀기

정서적 태도(나는 이런 정서적 놀이태도를 가지고 있어요)

- 아이와 노는 것이 즐겁고 기대된다.
- 10분이라도 아이와 놀 때는 놀이만 한다. 만약 집중하기 어려울 때는 기다려 달라고 말하고 일을 끝낸 다음에 논다.
- 게임이나 놀이규칙을 지키는 것도 좋지만 바꾸는 것도 괜찮고 재미있다. 아이가 창의적이라는 생각이 든다.

향상방법

- 자신이 편안하게 즐기면서 하는 일이 무엇이 있는지 찾아본다.
- 자신이 어린 시절에 했던 놀이를 떠올려보고 내가 언제 즐거웠는지 생각해본다.
- 하루에 10분 정도라도 아이의 놀이에 집중할 수 있는 시간을 찾아서 같이 논다.
- 아이와 노는 것은 아이의 머리를 좋게 하거나 도움이 되어서가 아니라 긍정적 관계를 맺고 소통하는 방식이라고 생각한다.
- '잘논다'는 것은 사람마다 다를 수 있기 때문에 내가 노는 방식을 다른 사람과 비교하지 말고 나와 내 자녀가 즐겁게 놀면 된다고 생각한다.

출처: 중앙육아종합지원센터(2022). 자녀 놀이에 어떻게 참여하나요? 부모용 교재. p.12.

참고문헌

강영식·오경숙·김혜영·박창옥(2016). **부모교육-부모상담하기·부모교육하기·부모참여지원하기**. 고양: 공동체.

강정원·홍기묵·안지영(2014). [개정판] **영유아교사를 위한 아동상담**. 파주: 정민사.

강정원·홍기묵·안지영(2018). [제3판] **영유아교사를 위한 아동상담**. 파주: 정민사.

김명연(2014). 유치원교사의 부모상담 능력 향상을 위한 단기 교육 프로그램의 개발 및 효과. 단국대학교 대학원 박사학위논문.

김용숙·박지영·서의정(2021). **아동상담 및 생활지도**. 파주: 양서원.

김순혜(2007). **현대아동상담**. 서울: 학지사.

권석만(2021). **현대 심리치료와 상담 이론**. 서울: 학지사.

김현주·손은경·신혜영(2001). (현장중심)**부모교육. 이론과 실제**. 서울: 양성원.

대구광역시교육청(2015). 유아 문제행동 지도 매뉴얼 감정, 행동으로 말하는 유아에게 이렇게 답해요. 대구: 대구광역시.

박은혜·김은심·기난실·곽아정·최혜진·이혜경(2010). **교직실무**. 서울: 학지사.

박재옥·홍길회(2020). **유아 다문화교육**. 서울: 창지사.

백은영(2022). 영아교사 스마트 알림장 사진 게시로 인한 어려움. **미래유아교육학회지**, 2022, 29(2), 95-123.

보건복지부(2013). **-영유아문제행동지도 프로그램 개발- 영유아 문제행동 지도를 위한 어린이집 보육교사 지침서**. 서울: 보건복지부 보육기반과.

박근주·서경희·이영란·손판순·강원미·김도희·김민지·오영심·이주희·장동희·장선영·정영선(2020). **영유아 부모상담, 전 이렇게 했어요**. 파주: 양서원.

박찬옥·허미애·김선미·조유진·정성은(2011). **유치원 다닐 때 꼭 알아야 할 65**. 서울: 애플비.

백지은(2007). 분리불안장애아동의 특성과 부모-자녀 놀이치료 프로그램의 효과. 한양대학교 대학원 박사학위논문.

서울특별시육아종합지원센터(2019). **육아는 어렵지만 좋은 부모가 되고 싶어**. 서울: 서울특별시육아종합지원센터.

서울특별시육아종합지원센터, 스마트쉼센터(2021). **스마트폰 Zero 도전 엄마, 아빠는 하면서 왜 나는 안 돼요?**. 서울: 서울특별시육아종합지원센터.

세이브더칠드런(2021). 조손가족실태조사 연구보고서.

여성가족부(2010). 2010년 조손가족 실태조사.

여성가족부(2018). 좋은 부모 행복한 아이, 5권 영아 주제2 어떻게 재울까 어떻게 먹일까.

여성가족부(2021). 2021년 한부모가족 실태조사.

여성가족부(2021). 2020년 가족실태조사 분석연구.

여성가족부(2022). 2021년 전국다문화가족 실태조사.

오경숙·강영식·김영숙·권지연·문미선(2022). **부모상담 이론과 도형심리 분석실제**. 파주: 21세기사.

오연수(2021). 저경력 공립 유치원 교사의 부모상담 경험에서의 어려움과 노력. 배재대학교 석사학위논문.

오연주(2020). **2019 개정 누리과정 연계 영유아 미술놀이**. 서울: 창지사.

오연주·최정화·조연실(2021). **놀이중심교육과정 기반 아동관찰 및 행동연구**. 서울: 창지사.

유구종(2020). **4차 산업혁명 시대의 유아 스마트교육 및 매체**. 파주: 정민사.

유연화·서정연(2020). **영유아교사를 위한 부모상담의 실제**. 고양: 공동체.

이순영(2019). **부모 돌발질문에 현명하게 응대하기**. 고양: 공동체.

이예인(2019). 영유아교육기관의 부모 개인면담 현황과 학부모가 느끼는 어려움과 요구. 이화여자대학교 교육대학원 석사학위논문.

이원영·이태영·강정원(2008). **영유아교사를 위한 부모교육**. 서울: 북카페.

이장호(1991). **상담면접의 기초:카운슬러를 위한 카운슬링 총서**. 서울: 중앙적성출판사.

이장호·김정의(1992). **집단상담의 원리와 실제**. 서울: 법문사.

이태욱(1999). **인터넷이 학교를 바꾼다**. 서울: 한빛미디어.

이하원·이신혜·이지연(2021). **영유아 문제행동 지도**. 서울: 창지사.

임경심(2018). 예비유아교사의 부모상담역량강화프로그램 개발 및 효과: 부모교육 교과를 중심으로. 전남대학교 대학원 박사학위논문.

임경심·홍혜경(2018). 예비유아교사의 부모상담 역량강화 프로그램 개발 및 효과: 부모교육 교과를 중심으로. **유아교육연구**, 38(3), 115-141.

장기덕·박창욱·고윤희(2019). **정서 및 행동장애아 교육**. 서울: 동문사.

전선옥(2020). **영유아교육기관 학부모 상담**. 고양: 공동체.

정옥분(2013). **아동발달의 이해**. 서울: 학지사.

조윤경·김경혜(2010). **잘 가르치기 위한 아동관찰 및 행동연구**. 고양: 공동체.

중앙육아지원센터(2014). 키움뜰양육상담 운영메뉴얼.

최명희(2016). **교사다움**. 고양: 공동체.

통계청(2019). 2019년 생활시간 조사 결과.

통계청(2021). 인구동향조사: 시군구/인구동태건수 및 동태율(출생, 사망, 혼인, 이혼).

통계청(2021). 2020 인구주택총조사 표본집계 결과 인구·가구 기본항목.

통계청(2021). 2020 다문화 인구 동태 통계.

통계청(2022). 2021년 혼인, 이혼 통계.

통계청(2022). 2021년 하반기 지역별 고용조사 맞벌이 가구 및 1인 가구 고용 현황.

태진미·이혜경·이숙영·홍인혜·신은숙·양현숙(2020). **2019 개정 누리과정 영유아 문제행동의 이해와 지도**. 서울: 동문사.

황현주·유은정·박혜정·신현정·한주희(2020). **아동상담**. 파주: 양서원.

허민숙(2019). 미혼모·부 지원제도의 문제점 및 개선과제. NARS 현안분석.

허민숙(2020). 조손가정 지원을 위한 미국의 내비게이터 프로그램 운영사례 및 시사점. 국회입법조사처 현안분석 제134호.

홍길회·이혜란·왕영희·정미자(2016). **사회 가족 변화에 따른 부모교육**. 서울: 창지사.

홍길회·한성희(2019). **교사와 부모가 알아야 할 영유아발달**. 파주: 정민사.

홍길회·황정해(2019). **예비부부와 교사를 위한 가족관계의 이해**. 파주: 정민사.

Eva Essa 저; 정갑순·김현경·김성원 공역(2017). **유아행동과 그 지도 나를 좀 도와주세요!**. 서울: 창지사.

Axline, V.(1969). *Play therapy*. Boston : Hough-Mifflin.

Bandura, A.(1973). *Aggression: A social learning analysis*. Englewood Cliffs, NJ: Prentice Hall.

Bandure, A.(1974). Behavior theory and the models of man. *American Psychologist*, *29*, 859-869.

Bandura, A.(1977). *Social learning theory*. Englewood Cliffs, NJ: Prentice Hall.

Bandura, A.(1981). Self-referent though: A developmental analysis of self-efficacy. In J. H. Flavell & L. Ross (eds.), *Social cognitive development: Frontiers and possible futures*. NY: Cambridge University Press.

Bandura, A.(1997). *Self-efficacy: The exercise of control*. NY: Freeman.

Beck, A. T.(1976). *Cognitive therapy and the emotional disorders*. New York: International University Press.

Berk, L.E.(2000). *Child development* (5th ed.). Boston, MA: Allyn and Bacon.

Berger, E.(2004). *Parents as partners in education: Families and schools working together*(6th ed.). Merrill.

Bredekamp, S.(1987). *Developmentally appropriate practices in early childhood programs serving children from birth through age 8*(Exp. ed.). Washington, DC: NAEYC.

Bronfenbrenner, U.(1979). *The ecology of human development: Experiments by nature and design*. Cambridge, MA: Harvard University Press.

Corey, G.(1994). *Group counseling*(4th ed.). Monterey, Calif: Brooks/Cole.

Darrow, G. C.(1964). *A guide to learning fluid therapy*. Springfield, lll: C.C.

Dryden, W.(1984). Rational-emotive therapy. In W. Dryden (Ed.), *Individual therapy in Britain*. Milton Keynes: OUP.

Ellis, A.(1985). *Overcoming resistance: Rational-emotive therapy with difficult clients.* New York: Springer.

Ellis, A.(1996). *My philosophy of psychotherapy*. New York: Albert Ellis Institute for Rational Emotive Behavior Therapy.

Ellis, A., & Dryden, W.(1997). *The practice of rational-emotive therapy* (2nd ed.). New York: Springer.

Elicker, J., Englund, M., & Sroufe, L. A.(1992). Predicting peer competence and peer relationships in childhood from early parent child-relationships. In R. Parke, & G. Ladd (Eds.), *Family-peer relationships : Modes of linkage* (pp.77-106). Hillsdale. NJ : Erlbaum.

Erickson, M. F., Sroufe, L. A. & Egeland.(1985). The relationship between quality of attachment and behavior problems in preschool in a high risk sample. In I. Bretherton, & E. waters (Eds.), *Child development monographs, 50*(1-2), 147-166.

Erikson, E. H.(1950). Childhood and society. NY: Norton.

Fox, L., Dunlap, G. Hemmeter, m. L., Joseph, G. E. & Strain, P. (2003). The teaching pyramid: A model supporting social competence and preventing challenging behavior in young children. *Young Children, 58*(4), 48-52

George, R. L., & Christiani, T. S.(1995). *Theory, methods and processes of Counseling and psychotherapy*. Englewood Cliffs, NJ: Prentice-Hall.

Hjelle, A. L., & Ziegler, J. D.(1981). *Personality theories: Basic assumptions, research and applications*. London: McGraw-Hill International Book Company.

Izard, C. E.(1978). Emotions and emotion-cognition relationships. In M. Lewis & L. A. Rosenblum (Eds.), *The Development of affect*. New York: Plenum.

Landreth, G. L.(1991). *Play therapy : The art of the relationship*. Munice, IN: Accelerated Development Inc.

Lemer, R. M., & von Eye, A.(1992). Sociobiology and human development: Arguments and evidence. *Human Development, 35*, 12-33.

Lewis, M., & Michalson, L.(1983). *Children's Emotions and Moods: Developmental theory and measurement*. New York: Plenum Press.

Mayer, J. D., & Salover, P.(1997). What is emotional intelligence. In P. Salovey & D. J. Sluyter (Eds.), *Emotional development and emotional inteeligence: Educational implications*. New York: Basic Books.

McCall, C.(1990). *The concepts of person*. Avebury : Aldershot/Brookfie.

Mead, D. E.(1976). *Six approaches to child rearing*. UT: Bringham Young University Press.

Mowrer, O. H.(1950). *Learning theory and personality dynamics*. New York: Ronald.

Mosak, H. H.(1995). Adlerian psychotherapy. In R. J. Corsini& D. Wedding (Eds.), *Current psychotherapies* (5th ed.) (pp. 51-94). Itasca, Il:Peacock.

Pavlov, I. P.(1928). *Lectures on conditioned reflexes*. New York : International Publishers.

Prochaska, J. O., & Norcross, J. C.(2006). *Systems of psychotherapy: A transtheoretical analysis* (6th ed.), Pacific Grove, CA: Brooks-Cole.

Rachman, S.(1977). The conditioning theory of fear acquisition: A critical examination. *Behavior Research and Therapy, 15*, 375-387.

Rogers, C. R.(1942). *Counseling and psychotherapy*. Boston, MA: Houghton Mifflin.

Rogers, C. R.(1951). *Client-centered therapy*. Boston, MA: Houghton Mifflin.

Rogers, C. R.(1962). The International relationship: The Interpersonal relationship: The core of guidance. *Harvard Educational Review*, 32, 416-429.

Rogers, L. E., Miller, F. E., & Bavelas, J. B. (1985). Methods for analyzing marital conflictual course: Implication of a systems approach. *Family Process, 24*, 175-187.

Salover, P., & Mayer, J. D.(1990). Emoional intelligence. *Imagination, Cognition, and Personality, 9*(3), 185-211.

Skinner, B. F.(1938). *The behavior of organisms : An experimental analysis*. New York : Appleton-Century.

Skinner, B. F.(1971). *Beyond freedom and dignity*. New York: Knopf.

Thomas. Friedrich, C. P.(1950). *Guidance services is smaller school*. NY: Mcgraw-Hill.

Thompson, R. A.(1998). Early sociopersonality development. In W. Damon & N. Eisenberg (Eds.), *Handbook of child psychology*(Vol. 3, 5th ed., pp. 225-104). New York: John Wiley & Sons.

Vaillant, G. E.(1971). Theoretical hierarchy of adaptive defense ego mechanisms. *Archives of General Psychiatry, 24*, 107-118.

Vaillant, G. E.(1992). *Ego mechanisms of defense.* Washington, DC: American psychiatric Association.

Watson, J. B., & Raynor, R.(1920). Conditioned emotional reactions. *Journal of Experimental Psychology, 3*, 1-14.

Wertheimer, M.(1923). Studies in the theory of Gestalt psychology. *Psychologische Forschung*, *4*, 301-350.

네이버 블로그 작가 brunch의 글(2019.10.17.). 부모의 불안이 아이의 영혼을 잠식한다. https://brunch.co.kr/@rok574/113

베이비뉴스(2019.12.31.). 정효진 '아이행동에 문제가 있다면 부모의 말부터 점검하라.' https://www.ibabynews.com/news/articleView.html?idxno=81029

중앙육아종합지원센터 유튜브 온라인부모교육. https://www.youtube.com/

중앙육아종합지원센터 홈페이지 온라인 부모교육(2022). http://central.childcare.go.kr/lcentral/d1_40000/d1_600061/d1_600222/d1_600223.jsp

케미컬뉴스(2022.10.19.). 따뜻하지 않은 부모가 아이를 비만으로 만든다?. http://www.chemicalnews.co.kr/news/articleView.html?idxno=4977

키즈노트(2022). www.kidsnote.com.

한겨레(2020.7.7.). 재혼가정 자녀에게 가장 필요한 것은?. https://m.hani.co.kr/arti/society/schooling/952530.html

한국카운슬러협회. 윤리강령 http://www.hanka.or.kr/sub_01_06.php

사전

한국브리태니커회사(1992~1994). 브리태니커 세계 대백과사전.

표준국어대사전(2022). 국립국어연구원.

저자소개

홍길회

연세대학교 및 대학원 아동학과 졸업
G. Araneta University (아동교육) 박사
현. 동남보건대학교 유아교육과 교수

저서: 영유아발달/ 사회변화에 따른 부모교육
가족관계의 이해/ 창의성교육의 실제
유아다문화교육/ 유아교육기관 운영관리 외 다수

최정화

성결대학교 대학원 교육학 박사
현. 세움 교육연구소 대표
현. 국가인권위원회 인권강사(영유아분야)

저서: 유아중심 놀이지도
아동관찰 및 행동연구

홍찬영

경기대학교 대학원 유아교육학과 박사수료
전. 로뎀나무어린이집 원장
현. 동남보건대학교 유아교육과 강사

영유아교육기관
부모상담

초판 1쇄 발행 / 2022년 12월 15일
초판 2쇄 발행 / 2025년 8월 5일

•

공저자 / 홍길회 · 최정화 · 홍찬영
발행인 / 이 중 수
발행처 / **동 문 사**

•

서울특별시 서대문구 홍제원1길 12
(홍제동 137-8)
Tel: 02)736-3718(대), 736-3710, 3720
Fax: 02)736-3719
등록번호: 1974.04.27. 제9-17호
가격: 21,000원

•

ISBN: 979-11-6328-481-9 (93370)
E-mail: dong736@naver.com
www.dongmunsa.com